ギフテッドの光と影

知能が高すぎて生きづらい人たち

阿部朋美・伊藤和行

朝日新聞出版

ギフテッドの光と影　知能が高すぎて生きづらい人たち

はじめに

「ギフテッド」という言葉を聞くと、どのような人を思い浮かべるだろうか。

飛び級で進学する人?
大人でも難しい難問をすらすらと解く子ども?
それともアインシュタインのような偉人?

どれもギフテッドかもしれない。しかし、それはギフテッドのごくごく一部のことで、実は身近にギフテッドはいるかもしれないのだ。

2017年、ギフテッドを主人公にした映画が公開された。超人的な数学の才能がある少女をめぐって衝突する親族の物語は反響を呼んだ。私自身、初めてギフテッドという単語を聞いたのはこのころだった。「どうやらすごく頭の良い人のことをギフテッドと呼ぶらしい」――。そのくらいの認識だった。

21年には特異な才能がある子どもたちへの支援を検討する文部科学省の有識者会議が発足。特異な才能を持つ子どもの特性について、教員たちの理解が進むよう有識者会議は提言をとりまとめたものの、どのような才能を対象とするかの「定義づけ」は見送った。23年度から、教員がギフテッドについて理解を深めるための研修ツールの開発や実証研究をする学校の募集などが始まっている。

ニュースでもギフテッドが紹介されることが増えた。みなさんの周りやインターネットでもギフテッドという単語を聞く機会が増えたかもしれない。

だが、どこか遠くに住んでいる、自分とは関わることのない人のことだと思っていないだろうか。

海外の研究では、ギフテッドは様々な才能の領域で3~10%程度いるとされている。35人学級だと、クラスに1~3人ほどいる計算になる。その数を聞いて、「思った以上に多い」とお感じになっただろうか。

ギフテッドの多くは、学校の授業を「ただ過ぎるのを待って過ごしている」という研究結果もある。とても勉強ができた人、クラスでつまらなそうに過ごしていた人……。実は、あなたも知らないうちにギフテッドと関わりを持っていたかもしれないのだ。

その多さを聞いた時、私は何人かのクラスメートの顔が思い浮かんだ。先生に様々な観点から質問をぶつけていた子、全く勉強していないのにいつもテストが高得点だった子。当時はギフテッドなんて言葉も認識もなかったが、「もしかしたらあの子はギフテッドだったのではないか」という思いが巡った。と同時に「気づかなかったが、あの子たちにも何か苦悩があったのかもしれない」とも思った。

「ギフテッド」という単語の認知は進む一方で、日本ではまだまだギフテッドへの支援や相談先の整備は途上の段階にある。どこに進学したらいいのかわからない、会社でどう振る舞ったらいいのかわからない、そんな声も聞く。

ギフテッドとはどのような人たちで、どのような特性を持っているのか。筆者は、そうした等身大のギフテッドの姿が伝えられていないのではないかと感じた。

「頭がいいからいいじゃない」
「IQ（知能指数）が高いのを自慢している」
「勉強ができるだけで、人間としては出来損ない」

そんな言葉をかけられた当事者の方もいた。IQが高いがゆえに、周囲となじむのが難しい。特性を理解してもらえずにいじめられた。そんな体験も聞いた。精神的な病に苦しむ人もいる。

1950年代後半から本格的にギフテッドへの教育をスタートさせたアメリカをはじめ、イギリスやドイツ、中国、韓国など海外ではIQや知能検査で選抜した子どもたちの才能を伸ばす特別なプログラムを実施している。

実は日本でも第2次世界大戦末期に優秀な子どもたちを選抜し、戦争に勝つための英才教育を施していたことを本書では紹介する。だが、国が主導する英才教育はそこで途絶えることになる。それ以降、日本ではなぜ英才教育が行われないのかについても考えてみたい。

本書では、高いＩＱを持つ一方で、学校生活で苦しむ人、家族と衝突する人、就職してからなじめず苦悩する人、他の障害を併せ持つ人など多様な当事者の方々に取材をさせていただいた。様々な体験を赤裸々に語っていただいたからこそ、スポットが当てられがちな「光」だけでなく「影」についても知ることができた。

ギフテッドを受け入れている学校や支援している団体がどのような活動をしているのかも紹介する。また、ギフテッド研究が進む海外の専門書の翻訳を手がけられた上越教育大学学校教育研究科の角谷《すみや》詩織教授に協力いただき、ギフテッド研究の現在地を教えていただいた。だが、まだまだ明らかになっていないことも多くある。ギフテッドという個性や特性の理解が広がり、苦しい思いをする人がいなくなってほしい。そんな思いで筆を進めた。

阿部朋美

ギフテッドの光と影　知能が高すぎて生きづらい人たち　もくじ

※年齢や学年、肩書は2023年3月時点のものです。
※各パートの執筆は、著者の2人が次のとおりに担当しました。

阿部朋美……はじめに／第1章「1　IQ154、小4で英検準1級の少年」「5　能力を発揮するたび上司と衝突、広がった『ずれ』」／第2章／第3章「世界中から『異能』が集う 孫正義氏の財団」

伊藤和行……第1章「2　36歳で知った、IQと私の居場所」「3　『5度の視野』から鳥を見る 特別な目の少年」「4　『できる自分』を隠した IQ140のろう者」／第3章「僕もそうだった 大学生が寄り添うメタバース」「『ギフテッドクラス』をつくった学校の挑戦と挫折」／第4章／第5章／おわりに

第1章

とびぬけた頭脳、なじめない環境

1

IQ 154、
小4で英検準1級の少年

一通のメール

パソコンの画面に映る少年は、大きく口を開けて笑顔を見せてくれるとてもあどけない小学生だった。東京都に住む小林都央《とお》さん（11）とオンラインツールの「Ｚｏｏｍ」で初めて会ったのは２０２１年12月のことだった。ヘアドネーション（髪の毛の寄付）のために伸ばした長い髪を束ね、くるくると変わる表情で語ってくれたのは、学校に通うことのつらさだった。

「学校に行かないといけない必要性や義務は理解しています。でもぼくにとって学校は、ありのままでいられない場所で、本音を言うと好きじゃない」

都央さんのＩＱ（知能指数）は１５４。平均とされる１００を大きく上回る。特別な才能を持つとされる「ギフテッド」だ。

小学4年で英検準1級（大学中級程度）、小学5年で漢字検定2級（高校卒業程度）に合格し、英語と日本語を操るバイリンガル。人口の上位2％のIQを持つ人たちが参加する「JAPAN MENSA」に小学2年生で認定された。複数のプログラミング大会で、特別賞などを受賞。住んでいる地元の教育委員会からは、映像コンテストやギフテッド向けのプログラムで優秀な成績を収めたとして、2年連続で表彰を受けた。世界屈指の医学部を有し、最難関大のひとつであるアメリカのジョンズ・ホプキンス大学のギフテッド向けプログラムでは最優秀の成績を収めた。

数式を書く5歳の小林都央さん（提供写真）

都央さんの経歴には、こうした数々のきらびやかなものが並ぶ。一方で、幼いころから集団での生活にストレスを感じ、適応に苦しんできた。現在は週に2日ほど学校に行く「選択的登校」をとっている。

都央さんとの出会いのきっかけとなったのは、コロナ禍の一斉休校を機に不登校になった子どもたちを紹介した連載だった。連載が朝日新聞に掲載された21年11月、一通のメールが届いた。

「『不登校は問題』『学校には行かなくてはならない』という考えに疑問を持ちます。僕は、勉強は好きです。友達と遊ぶのも好きです。でも、ずっと学校に行くのは好きではありません。今日は、午前中は勉強をして、午後から美術館に行く予定です。こんなスケジュールを考えるとワクワクしてきます」

大人びた文面に書かれた自己紹介には、小学4年生と書いてあった。学校に行かないといけない現状を憂う文章と書かれた学年が一致しなかった。

メールの差出人が都央さんだった。ちょうどメールをもらう前からギフテッドに関する取材を始めていた折。もしかして、都央さんはギフテッドではないだろうか。母親の純子さんとすぐに連絡を取り、やりとりをするうちに、都央さんが生まれつき飛び抜けた才能を持っていることが判明した。

Ｚｏｏｍ取材での第一印象は、多彩な語彙《ごい》を操り、目を輝かせながらはきはきと答えてくれる小学生だった。だが学校生活に話題が及ぶと、次第に表情は硬くなっていった。都央さんの口から紡ぎ出される言葉は、学校という場がいかにつらいのかを物語っていた。

「行っても何も学ばない」

取材の前に都央さんがまとめてくれた「なぜ学校に行きたくないか」というチャート図がある。

「時間の無駄↓行っても何も学ばない↓つらいだけ」

「知っている↓楽しくない↓つまらない↓つらいだけ」

だから、やりたいことを家でやりたい、そのほうが有意義と書かれている。都央さんにとって学校は「ありのままでいられない場所」となった。毎日登校することが負担になり、泣いて帰宅する日もあった。

どんな時に学校がつらいと思うのか。

授業で、海の生き物を描いて色を塗りましょうと先生が言った時、都央さんは、白いチンアナゴを描いて提出した。すると、先生からは「色を塗っていない」と言われてしまった。「白という色ですよ」と言ってもなかなか理解してもらえず、そこで諦めた。「自由に描いていいよ、と言われても理不尽な枠を決められているようだった」と感じた。

算数の時間に、指定された解き方以外のやり方を見つけても、言われた解き方の通りにしないといけない。

黒板は先生が書いた通りに書き写さないといけない。

「それが当たり前なんだから」。「言われたこと以外はしてはいけない」。そんなことを言われ、自分のアイデアを諦めることもある。がやがやと様々な音がする教室にいるだけで疲れてしまう。好奇心を抱くものを学びたいと思っても、それが叶わない。

ヘアドネーションのために髪を伸ばしていると、「なんで女子が入ってくるんだよ」と言われた。左右違う色の靴下をはいていくと「おかしい」と揶揄《やゆ》される。都央さんは「じゃあなんで左右同じ色をはいているのか、逆に聞き返したりします。たいてい答えられないです」と振り返る。

登校する時も、下校した時もつらそうな表情をしていた。「普通」の枠に押し込められ、そこから外れると指摘される。そんな学校生活を過ごす都央さんを見て、純子さんは「『自分らしさ』や『自分が好きなこと』を見つける機会が少なくなってしまうのは悲しいこと」と感じるようになった。

そうして、毎日登校するのではなく、疲れた時には「リフレッシュ休み」をとる。週に何日か学校に行く「選択的登校」という方法をとった。純子さんは悩みながら都央さんの思いを尊重したという。

「学校に行くのが当たり前で、なんとかして学校へ行かせようという風潮がある中で、息子にとって学校があんまり勉強できる場所じゃないようで。息子はすごく勉強したいのに、教室はザワザワしていたり、自分の学びたいことができなかったり。息子を見ていると、学校に行くことが解決法ではないと気づきました。自分の思い込みや世間体を気にして学校になんとしても行かせようと思わないようにしました」

二人でどうしたらいいのかと対話を重ねながら、選択的登校というスタイルにたどり着いたという。

幼稚園で全元素を暗記

幼少期の都央さんは、様々なものに興味を持った。漢字は3歳ごろから路線図で読めるようになった。初めて書いた字は「品川」だった。点字を覚え、フォントやピクトグラム

3歳で機械式時計の本を熟読していた
（提供写真）

（絵文字）に興味を持ち、歯車のおもちゃで遊ぶのも大好きだった。大人向けの機械式時計の本が愛読書だった。どうやって歯車がかみ合って動くのか、仕組みがわかるのが大好きだった。

幼稚園のころには分子に興味を持ち、すべての元素を英語と日本語で暗記した。「世の中のすべてのものは元素でできているので、こういうふうに結合することによってこういうものが生まれるみたいなことがわかるのがとても楽しかった」と都央さんは記憶している。純子さんに元素のクイズを出してくるが、難しくて答えられなかったという。幼稚園のころからパソコンに触れていた都央さんは、元素クイズを自動で出すゲームのプログラムを自作して遊んだ。

台風が近づいているというニュースを見ると「台風はどこで発生するんだろう」。雨が降ると、「降ってきた水はどこへ行くんだろう」と、疑問が次々と湧く。純子さんは「なんで？」といつも都央さんに問いかけられた。大人でも答えられないようなたくさんの疑問。純子さんは「とにかく常になんで、なんでと聞かれて、ちょっと私がパンクしそうになったので、ノートに書いて自分で調べてみてと伝えました。私の逃げ場のようにつくったノートです」。そう言って見せてくれた当時のノートには、都央さんの頭に浮かんだ疑問が並んでいた。

「なぜタイヤは黒い？　黒じゃなくてもいい？」
「どうして赤い火より青い火のほうが熱い？」
「なぜ日本には大統領がいないの？」

そして、図鑑などで調べた自分なりの答えが書き込まれていた。

みんなと遊んで気づいた「違い」

好奇心が旺盛な都央さんに体調の変化が現れたのも、幼稚園のころだった。日曜日の深夜に嘔吐《おうと》を繰り返した。救急車で運ばれたこともある。だが、疑われた感染症ではなかった。

その後も日曜日になると吐くことが続き、「心理的なもの」と診断を受けた。幼稚園での集団生活がストレスになっているようだった。夜にうなされることもあり、ドッジボールがある日は体調が悪そうに見えた。

後から、ボールが無秩序に動くルールが嫌で、体が拒否反応を起こしているとわかった。都央さんは「どんなルールでみんなが動いているかがわからなくて、怖いな、嫌だなっていう気持ちが強くなったんです。みんながランダムに動いて、ボールが自分めがけて飛んでくるのも怖かった」という記憶がある。ドッジボールがある時は、トイレに逃げ込んだ時もあった。

そのころから、周囲との違いも感じるようになったという。

「自宅で遊んでいる時は感じなかったのですが、幼稚園でみんなと過ごすようになって、ちょっと周りの人と話が合わないとか、周りの人が好きなことが自分はあまり好きではないとか、思うようになりました。ほかの友達が遊んでいるものもあまり面白いと感じられないなということもありました」（都央さん）

元素のことなどを話しても興味を持ってもらえないため、気持ちをセーブしながら周りの人と話していたという。

それまで、純子さんは都央さんのことを「ちょっと変わっているところがある」と思っていた。敏感で靴下は同じメーカーのものしかはかない。ただ、初めての子育てで他の子どもと比較はできず、「少しこだわりがあるのかな」と感じていた。周囲から「ギフテッド」の存在を教えてもらったのは、そんな時だ。知人に勧められ簡易的な検査を受けたところ、ＩＱが高いとわかった。小学1年の時に受けた検査でＩＱが１５４だった。

「息子のつらさを初めて知った」

ＩＱが高いとわかった時にはどんな心境だったのか。

純子さんは「息子がギフテッドかもしれないってわかった時に、お母さんって自分の子どもがお友達と同じように遊んで、同じように進学して、と知らず知らずのうちに思っているんだなって気づかされました。『普通じゃない、人と違う』ということが当時は不安でした。違うということを認めたくないという気持ちもありました」と当時の思いを語る。

同時に、ＩＱを検査してくれた医師から、ＩＱに差がある子どもたちと過ごすということは、学年が異なるクラスで過ごすようなものだと教えてもらった。

「学年が違うクラスで過ごすような感覚が日常なのは、それは息子にとって苦痛だなと、やっと息子のつらさがわかりました。IQが高いのは、いいことだと思ったこともあるのですが、話が合わない、関心事が合わない集団に日常的にずっといるっていう息子のつらさを初めて知った気がします」(純子さん)

そして、IQが高い人は、ほかの人よりもセンサーが敏感で、相手が何をしてほしいかを察知することに優れ、それに応えようとして疲れてしまうとも聞いた。

授業の内容は、都央さんにとって学びが多いとは言いがたいものだったという。「授業は淡々と受けて、教室にいればいいので楽だなと思う一方で、楽しい時間ではないのでつらい場所でもある」とこぼす。

学校でつらい思いをする都央さんを見て、入学や進級のたびに担任の先生へ都央さんの個性について手紙を書いて理解を求めた。幸いなことに担任の先生もギフテッドについて調べ、理解してくれる努力をしてくれた。スクールカウンセラーも理解を示し、相談に乗ってくれるという。純子さんは「集団生活や行事など学校でしか学べないこともあると思います。息子がやりたいことの時間も取りつつ、負荷はかけないように学校に行く日も作ろうという試行錯誤の中で今のスタイルになった」という。

３Ｄとプログラミングを独学

ただ、都央さんにとっては、周りの小学生のように週に5日、一日6時間の授業を受けることが「時間のロス」に感じてしまうこともある。「自分が興味のあることをしている時が一番ワクワクする」と言い、いくつかの夢中になっていることがある。

その一つが、３Ｄ映像をつくること。その様子を都央さんが見せてくれたことがある。パソコンで専用のソフトを開き、どのような絵をつくり出すか決めていく。１コマずつアニメーションの動きを設定し、動きや色を指定していくと、３Ｄ作品ができあがっていく。ソフトの言語は英語で、手早くマウスでクリックしていくため、一目見ただけではどのような操作をしているのか到底理解できなかった。複雑なボタンを何個も押して解説してくれるが、私は同じ操作をすることすら難しかった。都央さんは、自分で興味を持ち、YouTubeで外国の人が解説してくれる動画を探して独学で学んでいったという。

パソコンに向かって説明してくれている都央さんの目はきらきらと輝き、とても生き生きとしていた。学校に関することを質問した時とは全く違う表情だった。作曲した作品や過去につくった3Ｄ映像を見せてもらい、こんなにすごい才能が学校現場では評価されないもどかしさも感じた。

プログラミングも都央さんの得意なことの一つだ。21年に開かれた小学生向けのプログラミング大会では、小学4年で決勝に進出。一人暮らしの祖母のために考えた買い物アプリを発表し、特別賞を受賞した。翌年にも同じ大会で、5千件を超える応募作品の中からトップ10に選ばれた。ＡＩが文章を作成するアプリをChatGPT（対話型ＡＩ）がリリースされる前に独自に制作し、決勝に進出した。

学校の授業とは別に、アメリカのジョンズ・ホプキンス大学がギフテッド向けに開いている授業にオンラインで参加した。そのプログラムでは、座学で公式などを学ぶのではなく、実験や工作の中からそのメカニズムを学ぶ仕組みになっている。

ローラーコースターを制作する中で、物理のエネルギーについても併せて学ぶ。なぜローラーコースターの動きが維持できるのかなど、理由を体感しながら学ぶことができたという。九九やドリルなど、プロセスに意味がないものを覚えるのは苦手だという都央さんは、理由とともに仕組みがわかるこのプログラムがとても面白いのだという。このプログラムのテストで最優秀の成績を収めたとして賞状が贈られた。

都央さんは「学校に行ってない、サボっている、頑張っていないとか言われるのですが、自分なりに頑張っているんだというのを知ってもらいたい」と話す。

人と違う個性、誇りになった

平日、美術館や図書館へ行くと、じろじろと見られることもある。だが、純子さんは胸を張って歩くようにしているという。

「学校は行くものだから、平日に子どもがいるのはおかしいでしょうと思われることもある。だけど、息子は家でたくさん勉強をこなして、今は散歩やリフレッシュなんです、と堂々としていたいなぁと思います。自分の中の常識や、外からどう見られているのかということで息子を苦しめてしまうことはできるだけしないようにしたいなって思います」

純子さんは「人と違う個性を持っていることが誇り」と次第に感じるようになった。ただ、ギフテッドについての理解は、社会でも学校現場でもまだまだ行き届いていないと感じる。「ギフテッド」という単語を聞くと、「なんでもできるすごい天才」というイメージを持たれてしまうことも危惧する。

試行錯誤しながら登校したり、リフレッシュ休みをとったりする日々だが、都央さん、純子さんの悩みは尽きない。学校ではみんなが同じようにすることに価値が置かれているように感じ、登校しないと評価されない。この先の進路を考えた時に、出席日数がネックになることも出てくるかもしれない。「足が速い、絵が上手と同じように、ギフテッドを個性の一つとしてとらえてほしい」。そう願っている。

2

36歳で知った、IQと私の居場所

「やっと光をあててくれた」

金髪の女性が歩いてきた。青い蛍光色のスタジャンを羽織り、スーツケースを引いている。

「こんにちは」。明るい声で呼びかけられた。待ち合わせた人だと気づくのが遅れた私に、立花奈央子さん（40）は陽気に笑いかけてきた。

半年前に初めて会った時は黒茶色の髪だったため、すぐに気づかなかった。そのことをわびると、「本当はこっちの色のほうが私らしくて好きなんです」と言った。

２０２２年11月、東京・築地の朝日新聞東京本社前。この日は立花さんに、「ギフテッド」をテーマにした私との対談を朝日新聞ポッドキャストで収録するために来社してもらった。東京駅前での撮影の仕事からそのまま来てくれた立花さん。本社２階にあるスタジオまでの暗い廊下を歩きながら、「ここ、拘置所みたい」と言って笑わせてくれた。詳しくは聞かなかったが、最近、拘置所にいる友人に面会しに行ったばかりだという。

その遠慮ない語り口は、収録が始まってからも続き、約1時間の収録のほとんどは、立花さんの独壇場になった。その内容は後ほど述べるとして、まずは、立花さんの紹介から始めたい。

フォトグラファーの立花奈央子さん

東京・新宿で写真スタジオを営むフォトグラファー。20代後半から、女装する男性を美しく撮ることをライフワークとし、これまで数々の写真展を開いたり、タレントのマネジメントをしたりしてきたという。他にもアイドルプロデュース、SNSブランディングなど、多彩な仕事を手がけている。

私が立花さんを知ったのは22年春。立花さんが投稿サイト「ｎｏｔｅ」に、「ＡＤＤ（注意欠陥障害）を疑って調べたら、高ＩＱ（ギフテッド）だった話」という文章を載せていたのを読んだ。「ギフテッド」とオープンにしている人は珍しい。インタビューを申し込んだ。

新宿の雑居ビルの４階にある写真スタジオを訪れると、真っ白な空間がまぶしかった。反射板などの撮影機材と、最小限の机やイスがあるだけのシンプルな部屋。窓を開けると、初夏のさわやかな風が白いカーテンをなびかせていた。

ＩＱが高く、女装した男性の撮影を手がけているという肩書に、私は「どんな人だろう」と、少し気後れしながら取材はスタート。取材の意図を、「突出した才能があっても、学校になじめなかったり、社会から孤立してしまったりしている子どもたちを支援しようと、文部科学省が動き始めています。『ギフテッド』とも言われる彼らがなぜ、生きにくさを感じているのかを知りたい。立花さんの子どものころから、今に至るまでのストーリーを聞かせていただきたい」と伝えた。

立花さんは「やっと光をあててくれて嬉しい」と言ってくれた。インタビューは２時間を超えた。生い立ちから、家族のこと、社会人になり心を病んだことなど、立花さんは質問の意図を的確に理解し、少々早い口調で、ざっくばらんに話してくれた。

一度読めばわかる教科書

立花さんは1982年、千葉市で生まれた。千葉市といっても沿岸の都市部ではなく、内陸部の田畑や牧場に囲まれた農村地帯。父は工務店を営み、母が店を手伝った。4人きょうだいの長女で、自宅には父の見習いの青年も住み込みで働いていた。幼児のころから読書とお絵かきが大好きな子どもだったという。

ただ、親や周りの評価は「変わった子」。目に入るものすべてに興味を示すからだ。例えば、活字を読んでいないと落ち着かず、ごはんを食べながら、食品のパッケージに書かれた栄養成分表示や、新聞を隅から隅まで読んでいたという。「全部目に入れてましたね。情報を吸収していないと気が済まない子でした」と立花さん。

小学校は、当時はまだ1クラス40人の大人数学級。立花さんは、授業は毎日、とても退屈に感じていたという。教科書をひととおり読めばだいたい理解できるのに、先生は、同じことを黒板に何度も書いたり説明したりする。「答えがすぐわかる問題をわざわざ出すのはなぜだろうと常々思っていました」。

授業中は、プリントの裏に落書きをして時間をつぶしていたという。鉛筆回しもよくやった。先生からは「態度が悪い」「もっと授業をちゃんと聞きなさい」と叱られたことを覚えている。学年が上がるごとに、退屈な授業や学校生活を、苦痛に感じるようになっていった。

勉強はしなくても、テストはいつも満点をとった。通知表は、体育以外はすべて「◎」。その代わり、同級生とは話が合わなかった。勉強していないのにできるからだろうか、いつの間にか嫌われていたという。

「無視されたり、工作でつくった作品を隠されたりしましたね。遠足の班分けは、いつも自分だけ最後まで残っていました。だんだん、自分が悪いことをしているからいじめられるのだと思うようになっていきました」

ただ、両親は学校に行くのは当たり前だという考えだったため、理由がなければ学校は休めない。「おなかが痛い」「頭が痛い」と言って学校を休むようになった。

中学ではさらに孤立した。同級生が話すアイドルや恋愛話にはまったく興味が湧かなかった。友達がいないと学校生活はつらいことばかりで、無理に話を合わせることもあった。だが、一人で「石に意識はあるのか」というテーマで漫画を描いたり、宇宙や時間についての専門書を読みふけったりすることのほうが楽しかったという。学校に行くよりも、母が買ってくれたパソコンで自身のサイトを立ち上げたり、当時はまっていた漫画「封神演義」のファンの集まりに行ったりするほうがよっぽど楽しかった。

小中学校ではどんな子どもでしたか。私が聞くと、立花さんはしばらく考えた。

「みんなの『わからないこと』がわからず、浮いた存在でしたね。自分を否定されたくないからなんとか話を合わせようとはしていました。でも、心の中ではずっと生きづらさを抱えていました」

そんな息苦しさから解放されたいと、高校は「中学の同級生が誰も行かない」という理由で、千葉県内の進学校を選んだ。電車やバスを乗り継ぎ、通学に1時間以上かかる女子校。小中学時代を知る人はおらず、新しい友達はできた。見える世界も広がった。だが、勉強をすることが嫌いになっており、成績は良くなかった。

「ギフテッドといっても、勉強しなければ当然わかりません。周りは受験勉強を一生懸命しているので、どんどん差がつきました」

そもそも、立花さんには大学へ行く選択肢はなかった。父から「大学に行かせる金はない」と言われていたためだ。

心を削り続けた職場

最終学歴が中学の父は根っからの職人気質。また、４人きょうだいで、家計の苦しさから、父は娘を大学へ行かせようとは思っていなかったそうだ。「公務員になれ。自衛隊でもいい」。そんなことを父から言われていた立花さんは、言われるがまま高校３年で就職活動をし、東京都内の区役所に採用された。

「自分のやりたいことよりも、相手が求めているものに合わせるような人間になっていました。自分が何をしたいのかは考えなくなっていた」という。

当時を、「泥の中にいるような感覚だった」と表現する立花さん。「他人とうまくいかないのは自分が悪いからだと思っていたんですよね。だから、いつのまにか自分のことを過小評価する人間になっていた」とも言った。

就職して一人暮らしを始めても、自分の居場所は見つけられなかった。

若手職員として、区のスポーツのイベント企画や高齢者福祉などを担当した。「公務員にあるべき服装を無理して考え、地味なスーツやブラウスを嫌々着ていましたよ」と笑う。

選挙の事務の仕事をして臨時の収入が入った時は、どう使おうか考えた末に、胸にタトゥーを彫った。だが、職場でそれが見えて上司や同僚に知られると、白い目で見られた。自分の好きなことをしても否定され、周りの視線や雰囲気に合わせ仕事をする日々が繰り返された。

1年ほど働いた19歳のある時、立花さんは心を病んで休職した。「公務員としてこうあるべきという枠にきちっと入らなければと思えば思うほど、自分の心を削っていっていたのだと思います」。

閉鎖病棟で3カ月間、自分と向き合い……

躁《そう》状態の時は、ストレス解消や現実逃避のため、デパートで好きな服を大量に買った。しかし、家に帰ると、いつのまにか買い物をした記憶がなくなっている。

一方、気持ちが沈んでいる時は、「死にたい。トラックが突っ込んできてほしい」と願う。精神科に行った。「うつ病」「解離性遁走《とんそう》」と診断された。突然どこか遠くへ行ってしまい、気がつくと自分がなぜそこにいるのかわからないことが続いた。しまいには知らない場所で警察に保護されていた。

「このままではだめになる。徹底的に治さなければ」と、精神科病院の閉鎖病棟に自ら望んで入った。約3カ月間すごし、外で生きられない患者たちの姿を目の当たりにした。外部から遮断され、あらゆる自分の時間が、他人によって管理されている中には、これ以上いたくないと思った。

今変わらなければこのまま人生が終わると思った。この閉鎖病棟での3カ月間で、自分の気持ちに向き合おうと決めた。

自分が本当に好きなことは何か、自分にとって大事な人は誰か、本来の自分とは何者か。突き詰めて考えた。

哲学や宇宙など、自分が興味のある話を、とことん人と語り合える時間が最も楽しい。そんな気の合う人たちとの時間を大切にしたい。自分の気持ちを抑えつけるのはやめようと決めた。

まず、区役所をやめた。自分を偽り、親が望む人間になろうという思いも捨て、退院後に身を寄せていた実家も出た。渋谷駅のハチ公前で、ストリートアートをしていた人たちに話しかけた。自分も一緒に描いたり、路上ミュージシャンと友達になったり。どんどん周りに自分の好きな人たちが増えていった。すると、ライターや撮影、ヘアメイクなどの仕事がフリーでできるようになっていった。

ある日、新宿ゴールデン街のバーでアルバイトしていた時のこと。ミニスカートに網タイツの女装をした男性客が入ってきた。

派手なだけではなく、自分らしさを表現していて、センスがいい。聞くと、IT関連の仕事をしながら、夜は自分の好きな格好で楽しんでいるという。「自分が好きなことをする人」の姿はやっぱり素敵だと感じた。これだと思った。

27歳で、女装専門の写真スタジオを立ち上げた。そのころはまだ、世の中に「女装＝変態趣味」というイメージが強く、女装したい男性たちはこっそり、隠れながら、好きな格好をしているようだった。

そんな価値観をぶっ壊したい。立花さんは思った。女性の視点からきれいな女装のコーディネートを提案したり、女装タレントのプロデュースをしたり。ひげの濃い中年男性のかわいらしさを引き出すにはどうしたらいいかを追求したこともあった。

「自由で素敵な女装の人がたくさん街にいれば、女装が特別なことではなくなるはず。そんな世の中にしたいと思っていました」

ようやく解けた「本当の私」

実家の父から久しぶりに電話がかかってきたのは、２０１９年。36歳になっていた。１歳下の弟が、知能検査を受け、発達障害だと診断されたとのことだった。立花さん自身も、自分が発達障害やＡＤＤ（注意欠陥障害）かもしれないと思っていたため、一度検査を受けてみることにした。

「ＷＡＩＳ-Ⅳ」（１０４ページ参照）という知能検査を受けた。その結果、全般的なＩＱ（知能指数）が平均を大きく超える１３７だった。また、同検査の四つの指標のうち、ことばの理解力や推理力、思考力を示す「言語理解」はＩＱ１３０、目で見た情報から形を把握し推理する「知覚推理」はＩＱ１２８、情報を一時的に記憶する力の「ワーキングメモリー」がＩＱ１３１、作業の速度を測る「処理速度」がＩＱ１３０と、指標のすべてが平均を超える高い数値となっていた。

驚いた。臨床心理士からは「発達障害の可能性はほぼない。単に、知能が世の中の人より高いだけの健常者ですね」と言われた。立花さんはそれまで、自分の生きづらさは発達障害のせいだ、となんとなく思っていたが、それは間違っていたことがはっきりした。この時、初めて自分の特性が何なのかを知りたい、と思った。

結果を知人に言うと、「ギフテッドじゃん」と言われた。初めて聞く言葉だった。「ギフテッド」に関する専門書を片っ端から読んでみた。

特徴として書かれていた「情報を素早く理解」「いつも何かにのめり込み徹底的に調べる」という良さだけでなく、「注意散漫に見える」「同級生との関係づくりが下手」といった弱点までが、いちいち自分に当てはまった。「これ私のことだ」と思うと、胸がすっとした。

普通と違う私。他人に合わせ、ずっと生きづらさを抱えてきた私。子どものころから、本当の自分は何なのかと思ってきた疑問が、ようやく解けた気がした。「パズルのピースがはまるような感覚だった」という。

立花さんは言う。「私は、自分のことを『天才』とは思いません。ただＩＱが高いという個性があるのだということがわかりました。そのせいで、これまで息苦しさや孤独を抱えていたのだと理解できて本当に良かったです」。

そしてこう思った。きっと、同じような仲間がいるのではないか。自分の特性を理解してくれたり共感してくれたりする仲間ともっと話がしたい、と。

もし、子どもの時から知っていたら？

「ＭＥＮＳＡ」という国際組織を知人が教えてくれた。ＩＱの上位２％の人だけが入会でき、日本支部があるという。さっそく入会した。

ＭＥＮＳＡは、１９４６年にイギリスで創設された国際組織だ。世界１００カ国以上に13万人以上の会員がいるとされる。日本支部には約４７００人の会員がおり、定期的に開かれるミーティングで話し合ったり、趣味や考えが合う会員同士がオフ会などで交流したりしているという。入会するには、独自の入会テストを受けて一定のスコアを出すか、知能検査の結果を示さなければならない。

立花さんは、ＭＥＮＳＡで出会った人たちと、「性とは何か」「既成の価値観に縛られていないか」といった深い話をすることが楽しい。人のつながりが増え、好奇心があふれ、知的欲求が満たされるという。

ようやく好きなことを仕事にし、仲間にも巡り会えたという立花さん。ただそれはたくさんの回り道をして得たものだった。

「もっと早くに知能検査を受けておけばよかったという後悔はないか」と聞くと、立花さんは「後悔はない」とはっきり言った。過去のつらい時期があったからこそ、充実した今があると思っているから、と。

ただ、どうしても考えてしまうことは、あるという。

「もし、子どものころに自分の特性を知り、それを理解した教育や子育てをしてもらっていたら、あんなつらい経験をせず、もっと様々なことを学べたのではないか」と。いま後悔していないと言えるのは、浮きこぼれていてもはい上がることができたからではないか。自分と同じように生きづらさを抱えたまま悩んでいる人が、今もきっといるはずだ。

ゴールデン街の会員制バーで

そんな思いを強くした立花さんが始めたのが、「サロン・ド・ギフテッド」だ。19年ごろから週1回、フォトグラファーの仕事のかたわら、東京・歌舞伎町の新宿ゴールデン街にあるバーで開いている。

22年12月中旬、私はそのバーを訪れた。毎週火曜日、オーナーから店を間借りした立花さんが、カウンターに立っている。

重い木製のドアを開けると、立花さんの「いらっしゃーい」という明るい声が聞こえてきた。カウンター席が6席だけのこぢんまりとした店。すでに5人の先客が、立花さんが出すビールやハイボールを飲みながら、会話を楽しんでいた。

サロンは、ＩＱ１３０以上の条件がある会員制。特別に参加させてもらった私の隣に座っていたのは、この日初めて来たという東京大学に通う女性だった。理路整然とした話しっぷり。ただ子どものころは学校になじめず「つらかった」と吐露した。「だって、先生は私のこと全然理解してくれなかったから」と女性。今はギフテッドの子どもやその保護者を支援する団体に入って活動をしているという。

ＩＱが１５０ありながら、会社の上司とコミュニケーションがうまくとれず退職したという男性もいた。話すスピードが速すぎて変人と思われないかという不安があり、自分のことを知らない人とは話をするのが怖くなっ

週に1回、「サロン・ド・ギフテッド」に立つ

たという。他にも、地下アイドルを「推す」中年男性や、マクドナルドで働く母親など、個性豊かな人たちが胸の内を語り合っていた。

立花さん自身にとっても、他人は他人、自分は自分と実感できる場所だという。

「才能のばせ」とか、ほっといて

さて、立花さんのトークを収録した朝日新聞ポッドキャストは、22年12月上旬に配信された。「同級生と話が合わない」「なじめたことは一度もない」「授業はクソつまらない」。そんな立花さんの率直な語りぶりが、多くのリスナーの好評を得た。

収録の終盤、司会者が立花さんに「自分の経験を踏まえ、どんな世の中になればいいと思うか」と聞いた。

「ほっといてほしいですね」

即答だった。立花さんが生きやすさを感じたタイミングは、高校生になって行動範囲が広がったり、社会人になって使えるお金が増えたりするなど、自分で選択できることが増えた時だったという。

「子どものころは大人の見守りは当然必要だと思いますけど、普通と違うからと枠にはめようとしたり、周りの子どもと比較したりするのは、やめてほしいですね。ましてや、ギフテッドだから才能をのばさないといけないとか、才能を見過ごしてはもったいない、といった考えは大きなお世話です。その人が、その人らしく生きられるような社会になることが大事なのだと思います」

立花さんのそんな言葉が、多くの人に届くといいと思った。

3

「5度の視野」から鳥を見る特別な目の少年

驚異の視力

2022年10月、木の葉が色づき始めた東京都内の公園で、私はある親子と待ち合わせをしていた。出迎えてくれた母親と短いあいさつを交わし、公園の舗道を歩いていく。向こうから青色の自転車をこぐ少年がやってきた。

「カワセミがいたよ」

少年が母親に教える。小さな声。でも弾んだ声。私も思わず「えっ、ほんと」と反応していた。「飛ぶ宝石」とたとえられる小さな野鳥。都内の公園で見られるとは思っていなかったので、素直に驚いてしまった。取材はひとまずおいて、少年の案内でカワセミを見に、公園内の小川や池があるほうへ向かった。

「いた。木の先」

リュックを背負い、デジタルカメラを首から下げていた少年が指さすほうを見る。100メートルほど先の池の中に、ひょろりと立つ木の杭。その先端に止まっているという。眼鏡をかけた視力が1・0の私には黒い点にしか見えない。少年は肉眼で見つけている。私はカメラのレンズを300ミリのズームレンズに取り換え、杭に向けた。本当にいた。エメラルドグリーンや群青色の羽が美しいカワセミだ。

公園で野鳥を撮影するユウ君

「ほほの白い模様も見えるよ」

少年の目の良さに驚愕する。周りにいた中年のバードウォッチャーたちも、少年の目を頼りに、カメラのシャッターを切っていた。

少年は、都内に住む小学4年のユウ君（10）。毎日、母（42）と2人でこの公園や近くの河川敷で、野鳥観察をしている。朝ごはんを食べた後、2人で自転車に乗って来るのが日課だそうだ。長い日は、昼過ぎまでずっと観察しているという。

ユウ君はキャップ帽、母はハット帽をかぶり、おそろいの軽登山靴を履いて鳥を追いかけている姿は、見ていてほほえましい。毎日来るため、常連のバードウォッチャーとも仲良くなり、母自身もずいぶん野鳥には詳しくなったという。その手には、ユウ君の愛読書である『野鳥図鑑670』があった。「雨の日も来るの？」と聞くと、ユウ君はうなずいた。母によると、雨の日は、水たまりにいる虫を狙いにくる鳥を見るのが、楽しいのだという。

ただ、楽しさだけではない苦悩を、母は打ち明けてくれた。

「息子は、目や耳の感覚がとても敏感です。自宅でさえ休める場所ではありません。できるだけ人が少なく自然が多いところで時間を過ごそうとして始めたのが野鳥観察でした」

「学校はどうしていますか？」と私が聞くと、母の顔は少し曇り、それでもその不安を振り切るように言った。

「今はもう学校に行かせなければ、という思いはありません。にぎやかな学校は、とても居づらい場所なんです。私がそれに気づいてあげるのも遅くて、息子はだいぶ苦しみました」

何があったのだろうか。親子に話を聞き、私は特異な才能とともに障害を併せ持つ人の存在を知ることになる。

才能と障害、二つの「特別」

私がユウ君のことを知ったのは、母のブログがきっかけだった。母は22年1月から、「ちょっぴりギフテッド」というタイトルでユウ君のことをつづっている。目がとまったのは、「2Eギフテッド」という言葉があったためだ。

2Eとは「twice-exceptional」の略で、「二つの特別」「二つの特別支援を要する」といった意味がある。「ギフテッド」のような飛び抜けた才能と、発達障害といった学習に支障がある障害を併せ持つ子どものことをいう。例えば、教科書の文字の読み書きはとても苦手だが、目で見たものをすぐに記憶して表現する力が優れているといった具合だ。

ユウ君の場合がまさにこれだった。

実際に会ったユウ君は、少し小柄だが、見た目はごく普通の少年だ。ランドセルを背負って歩いていれば、学校帰りに公園で遊んでいる小学生と思われても不思議はない。

だが母によると、特に目と耳の感覚が敏感で、知らない人と話したり、人混みの中で電車に乗ったりするとすぐに疲れてしまい、日々の生活に困難が多いという。学校は、小2

の3学期からほとんど行っていない。勉強は、母が自宅で全教科を教えているという。

母はブログで「息子をどうやって自立させてあげられるのか、不安や悩みは尽きませんが、とにかく元気で過ごすのが一番大事だと、毎日の自然観察に付き合っています。不登校などで悩んでいる、パパ・ママさんたちに、少しでも参考になることがあれば」と書いていた。

「感覚が敏感な原因はわかっているのですか?」と聞くと、母は首を振った。

「『ギフテッド外来』というクリニックや、眼科、耳鼻科などあちこちで診てもらいましたが、「特殊」と言われるだけで、原因はわからないまま行き詰まっていました。もしかしたら似たような親子がいてつながれないかと思い、ブログで発信することにしました。親の私でも理解できないことがありますが、好きなことがあって、それをできているのはありがたいことです。息子の言うことを信じて寄り添うしかないと思っています」と母。

息子のために何とかしたいが、どうすればいいのかわからない母の切実な気持ちがひしひしと伝わった。

「音が痛くてつらい」

ユウ君は、盛岡市で生まれた。引っ込み思案で、公園に連れて行っても、他の子が遊んでいると「んー、やだ」と言って近づけないような、慎重な性格だったという。

母が「他の子と違うのでは」と感じ始めたのは幼少期だ。玄関のドアを開けるだけで目を覚まし、掃除機や車のクラクションの音にも敏感ですぐに泣いてしまっていた。日本三大花火の一つ、秋田県の「大曲《おおまがり》の花火」を見に行っても、「怖い、怖い」とずっと泣いていた。

だが成長するにつれ、泣いたりだだをこねたりすることは少なくなっていったという。大人びた性格になり、幼稚園でも友達のおもちゃを取ったり投げたりすることはなかった。叱ったこともほとんどない。

父の転勤で東京に引っ越し、小1から都内の公立小学校へ通った。毎日通学し、地域の少年野球チームにも入った。ボールを投げたり打ったりすることは人並みにでき、にこにこと楽しそうに練習していたという。2年生になると、試合にも出られるようになった。

小2の3学期が始まる日だったという。

始業式のその日もふだん通り学校へ行った。持って帰ってきたのは、その月の目標を書くカード。そこにユウ君は「自分がつらくならないようにすること」と書いていた。驚いて母が聞くと、ユウ君は「音が痛くてつらい」と言った。教室にいると、同級生の声や物音の刺激が痛いのだという。「休みたい」と言った。これまであまり弱音を吐いたことはなかったので、疲れがたまっているだけだろうと母は思った。すぐに良くなるだろうと思っていたが、欠席が1週間、2週間と続いた。先生から「続くと長期化しますから」と言われたので、耳栓をさせ、静かな校長室や会議室で過ごすことになった。それでも良くならなかった。

勉強は、特別できたわけではないが、悪くもなかった。テストでは、問題文の読み間違いや図の見間違いでバツをつけられることが多かった。友達は多く、休み時間は外で遊ぶこともある普通の小学生だったのに、なぜだろう。母はスクールカウンセラーなどにも相談したが、ユウ君が、同級生たちがいる教室に戻ることはなかった。

母子で保健室登校を始めたある日、突然ユウ君が「痛い、痛い」と涙目で訴え出した。母は音や刺激は何も感じなかった。ユウ君が「誰かが外でボールをやっている」と言うので、母が保健室のドアを開けて校庭を見た。すると、上級生たちが体育の授業を始めるところで、ボールをバウンドさせたり、投げ合ったりしていた。保健室の中からは、その様子を見ることはできない。なのにユウ君は「針が刺さるような痛み」を感じると言った。母は愕然とした。

「私が全く気づかないところで、これまで息子は痛みを我慢していたのだと知ったのはこの時です。これでは、学校のどこにも居場所はないだろうと実感した瞬間でした」

顕微鏡のような目

耳だけではない。目の独特な見え方も、母はユウ君が学校に行かなくなってから初めて聞かされた。

「文字が見えていないんだけど……」

自宅で学習していると、ユウ君がポツリと言った。ユウ君は刺激を遮るため、部屋にテントを張ってその中で勉強をしている。教えるのは母。くわしく聞くと、教科書の一つ一つの文字が、顕微鏡で見るように拡大表示されて見えると言った。

教科書を開いて何が見えるかを母が聞くと、「まるい点々がたくさん」と言った。印刷された文字はインクの無数の点々が集合して見える仕組みであり、その点々が見えているのだという。

「どうやって文字を読んでいるの」。母が聞くと、ユウ君は「見えた部分を、ジグソーパズルのように高速で組み立てている」と答えた。そんなことをどうしてできるのかわからなかったが、母はとにかく信じるしかなかった。「三角形は？」と聞くと、「角が3個あるから三角形」と言った。形全体を認識しているのではなく、角の数が三つあることを数えて判断しているということだった。

テストの問題を読み間違えていたのはこのせいだったのかと母は納得した。たしかにユウ君は、点と点に定規をあてて直線を引くことができなかったり、間近にいる鳥の姿を見つけることができなかったりしたことがあった。それもこの独特な視覚のためだったのか、と理解した。

そして思った。もしかしてずっとつらかったの？　母がそう聞くと、ユウ君はうなずいた。「もうがんばりたくない」と言い、さめざめと泣いたという。

凸凹のIQグラフ

最初、母は自閉症を疑った。専門のクリニックに行った。だが医師は「相手の気持ちをくみコミュニケーションをとれる一方、感覚過敏で人と接するのが苦手というのは、当てはまる例がない。特殊ですね」と困惑した表情で言った。眼科や耳鼻科にも通ったが「異常はない」と言われたという。

とにかく情報がほしい。何が原因で、親としてどうサポートしたらいいのか知りたい。病院を回った。

小学校の養護教諭に勧められ、学校の近くにある小児科の心理相談に行ってみた。そこで発達専門の心理士に診てもらった。心理士はまず、ユウ君と雑談した。そしてこう言った。

「落ち着きぶりや受け答えが、小学2年生ではないです。学校では疲れてしまうでしょう」

そして、発達に関する検査を受けたほうがいいと言い、「WISC-Ⅳ」という知能検査（104ページ参照）を受けることを勧めた。

知能検査と聞き、母は少しためらった。検査は無料だというが、所要時間は1時間から1時間半ほどかかり、検査する人とユウ君が2人きりになることを伝えられたためだ。内容は「図を見たり言葉を覚えたり、簡単なもの」と伝えられていたが、知らない人と話すことが苦手なユウ君は、予想通り嫌がった。

「わらにもすがる思いでした」と母。ユウ君を「どんなふうに支援したらいいかを見つけるためのものだよ」と説得した。1カ月後に検査を受けることになった。

検査の日は大雨だった。雨が地面にはねる刺激だけで「痛い」というユウ君。なんとか病院に着き、検査室に入った。

検査室から出てきたユウ君は、黙り、つらそうだった。母に泣きつき、帰宅しても食事せず、何もやる気が起きずにいる状態が1週間も続いたという。「まだこの時は息子の目の異常がよくわからず、検査がどんなに大変だったか私も想像できませんでした。今ではかわいそうなことをしてしまったとも思います」と振り返る。それでも、検査の結果により、母が知りたかったユウ君のつらさの原因がわかっていくため、母は「本当に大事な検査でした」と話す。

ユウ君の検査の数値は、2人の意向で具体的には示さないが、母によると、言語理解は

ＩＱ１３０を上回った。一方、知覚推理が平均を下回っていた。その差は40以上あった。処理速度とワーキングメモリーは、平均より少し上だった。最高値と最低値の差が40以上あるのは珍しいという。四つの指標を折れ線グラフにして線で結ぶと、激しい凸凹になっていることがわかる。

これは何を意味するのだろうか。結果をもとに心理士から最初に言われたのは、「言語理解が高すぎる」だった。心理士によれば、差が15以上あれば、集団生活で生きづらさを感じることがある、と一般に言われているという。「もし（最も高い）言語理解が平均に近かったら、問題なく学校に通えていたかもしれないですね」と心理士は話し、こう続けたという。

「特に言語理解が高い子は、完璧を求める傾向があり、不登校になりがちです」

数値化された「生きづらさ」の一因

母は、まさにユウ君の一面を言い当てていると感じた。まさかこれほど高いＩＱが出るとは思っていなかったが、それ以上に、ＩＱが高いことが生きづらさを引き起こす原因になっているなんて思いもよらなかった。母は「発達障害でしょうか」と聞いた。心理士も悩みながら「そう診断はできません。『2E』ギフテッドに該当すると思います」と言った。

ギフテッド？　うちの子が？　母はふたたび驚いた。だが、そんな思いはすぐに打ち消した。ユウ君は、難しい計算を解いたり、複雑な漢字を書けたりするわけではない。成績も普通だ。独特な才能といえば、野鳥図鑑に載る670種を隅から隅まで記憶していたり、説明書を見ずにレゴブロックで小惑星探査機「はやぶさ」の形を組み立てたりといったことがあるぐらいだ。ペンを持たせると鳥の絵をずっと描き続けるということもあるが、これがギフテッドというには少し大げさすぎると思った。

心理士には、ユウ君にどんな障害があるのかは詳しくはわからないと言われた。その上で、フリースクールや2E教育に力を入れる支援団体などを紹介された。ただ「無理に学校に行かせないでください」とも言われた。いつかは学校に戻ってくれるだろうと考えていた母も、このことを境に考え方を大きく変えた。検査によって初めてユウ君の生きづらさの一因が「数値」としてわかり、納得できたからだ。

「検査がなければ息子のことを理解できないままだったと思います。子どもの言うことを信じて寄り添うことが本当に大事なことだとわかりました。そのことは今でも自分に言い聞かせています」

ゆっくり歩んでいくしかない

もう一つ、ユウ君には不思議な感覚がある。母がそれを知ったのは、それから半年ほどたったころだ。

近くの物が見えていないのに、どのようにぶつからずに歩いたり野球のボールをつかんだりしていたのかと聞いた。するとユウ君は「波が伝わる」と言った。「ボールから波が伝わってくるでしょ。それで何とか」と。

「自転車に乗るのは？」と聞くと、「自分から出る波が、周りの物から出る波をキャッチし、世界が一瞬だけ透明のようになる」。それによって、あいまいだが周りに何があるかわかり、大まかな空間把握をしているのだという。

ただ、この波も強くなると「たたかれたり刺されたりするような痛み」を感じるという。

しかし、波と言われても、母にはもちろん理解できなかった。「みんな波の感覚はなくて、痛みも感じていないよ」と伝えると、ユウ君は落ち込み、泣いた。ユウ君は、みんながそうした感覚を持ち、痛みを我慢するのが当たり前だと考えていたのだという。母は落ち込んだ。学校でも、電車内でも、自宅でも、そんなつらい状況をずっと我慢していたなんて。気づくことができず、母は申し訳ない気持ちでいっぱいになった。

「『がんばらなくていいんだよ』と伝えることぐらいしかできませんでした」

ある日、ユウ君は自宅にあった渦巻き形のランチョンマットを抱きしめていた。「ぐるぐるがいい」と言った。また、自宅にある天然の水晶を持ってみると、楽な感覚になると母に言った。水晶の結晶構造はらせん状であることが知られている。お守りにして持ち歩いているという。

母は言う。

「息子は同じ世界に生きているけど全然違う世界を見ています。とにかく受け入れて、ゆっくりと歩んでいくしかないと思っています」

「5度の視野」から見る世界

そんなユウ君が脚光を浴びる出来事が、22年3月にあった。

ユウ君が描いた鳥の絵が、日本の企業などが企画したデジタルアートのコンペティションで、金賞を受賞したのだ。世界中から1248作品の応募があったなかで、唯一の最高賞だ。ある審査員からは「ずっと見つめていたくなる不思議なパワーを持つ」と評された。最高額の賞金1万ドルが贈られ、オークションにも出品され落札されたという。

タイトルは、「カワウ型飛行都市」。

細かなタッチの線や点で、水鳥のカワウと一体化した城が飛び立つ姿を黒のボールペンで描いている。母によると、A4のコピー用紙に書いたその絵を、スキャンしてデジタル化し応募しただけだという。ユウ君は、受賞時のコメントでこう自分を紹介した。

〈ぼくの目は、みんなと同じようには見えていなくて、とても狭い範囲しかわかりません。自分の絵も、全部は見えなくて、一部分だけ見えます〉

金賞を受賞した「カワウ型飛行都市」（提供写真）

〈小さいものは、とてもよく見えるので、ずっと遠くの方を飛んでいる鳥を見るのが好きです〉

賞金は、ユウ君の意向で、国外の難民を支援する団体や、障害やケアが必要な子どもの支援団体、ネパールで視覚障害者を支援している団体などに寄付しているという。「息子のカメラを買うお金ぐらいは残してもいいと思っていて、話し合い中です」と母は笑いながら教えてくれた。

公園での取材から1カ月ほどたった22年11月。ユウ君は、視覚発達の専門医による視野の検査を受けた。視野が5度しかないことがわかったという。医師は、一般的に人の視野は180～200度あると言い、なぜそんな狭い視野で歩いたり物をつかんだりできているのか不思議がったという。

ユウ君と初めて会った時、母に手伝ってもらいながら話してくれた言葉を私は思い出す。

「これまで、一生懸命みんなに合わせちゃっていて、なぜ自分がそんなに疲れてしまうのか、わからずいろいろつらかったです。僕の努力と我慢が足りないと思っていました。でも今は、鳥を観察したり、絵や漫画を描いたりして、心の中を表現したりできることが楽しいです」

23年1月、ユウ君は特別支援学校に転校し、新たなスタートを切っている。

4

「できる自分」を隠したIQ140のろう者

本当はわかる答え、書かずに出した

2022年8月、一通のメールが取材班に届いた。朝日新聞デジタルの連載「ギフテッド　才能の光と影」を読んだ読者からだった。フォトグラファーの立花奈央子さんの記事に共感したと感想を述べ、自身の経験をつづってくれていた。以下がその文面の一部だ。

「なかなか他の人に話せないことですが、私自身、ろう者で、後にIQ130台だとわかった者です。小2から一般の学校に通いました。先生や周囲の話していることが聞き取れない自分はわかって、聞き取れるはずの同級生はわからないことがとても不思議でした。テストで、本当はわかる答えを書かずに出したこともあります。『聞こえない人が聞こえる人に認められるためには、勉強ができていないといけない』と信じている親と、『できることでいいことがあったためしがないから、できない自分でいたい』と思う自分との間でとても苦しかったです。（中略）障害と、学識における「才能」の組み合わせは、とても生きづらいと思います。こういう人たちの存在はどれほど認識されているのでしょうか」

才能と、身体障害と、生きづらさ。「できない自分でいたい」と思わせたものとは何だったのか。聴者の私にはおよそ考えつかない視点だった。

メールをくれたのは、西日本に住む40代の女性。教員をしているという。すぐに、詳しくお話を伺いたいと返信すると、「才能のある身体障害児者に関心をもっていただいたこと、本当に嬉しく思います。微力ながらお手伝いさせていただきたい」と返信があった。

女性が住む、西日本のある地方都市へ向かった。

待ち合わせたのは、図書館が併設された文化施設。あてにしていた併設のカフェがコロナ下で閉店しており、施設に机とイスを借り、空きスペースで取材することになった。

直前に私からメールで「施設の駐車場の前にいます」と居場所を知らせたので、女性はすぐに気づいて、会釈してくれた。身長150センチほどの小柄な女性。清潔感のある白

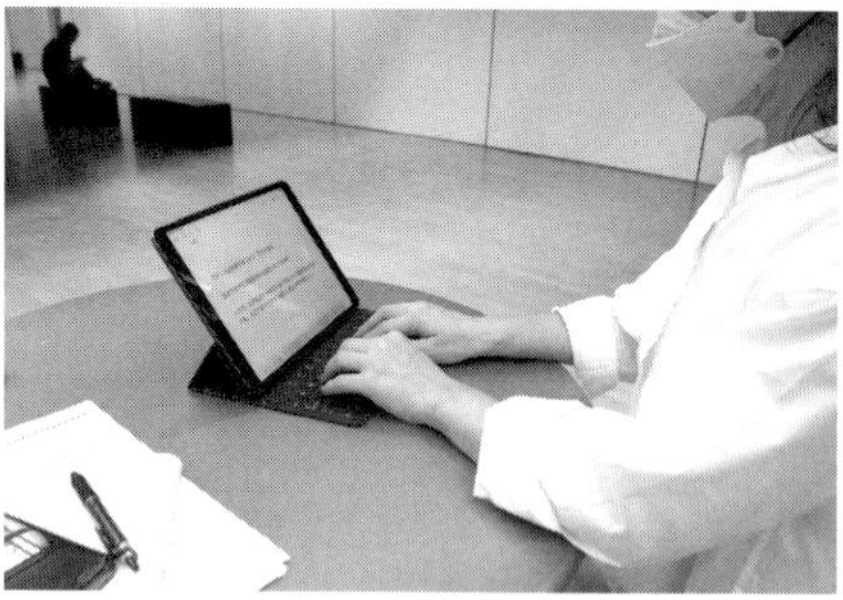
女性はタブレットで質問に答えた

いシャツと薄ピンク色のマスクが印象的だった。当たり前だが、外見ではろう者であるとはわからない。

手話ができない私は、まず名刺を渡して自己紹介した。それから、スマートフォンの音声文字変換アプリを使い、「今日はありがとうございます」「机とイスを借りたので、あちらで」などと、自分の声をスマホの画面に文字で表示させながらやりとりをしていった。

座って一息ついたところで、女性は自身のｉＰａｄを取り出した。キーボードで「相談しておきたいこと」と打って示した。「まず初めに、実名や現在の顔は公表しないことをお願いします」「公表すると、話せることがかなり限られます」とのことだった。

女性がどんな人生を歩み、なぜ才能と障害と生きづらさを抱えてきたのかをきちんと聞きたいため、「わかりました」と伝え、取材を始めた。

難儀したのは、私の質問に交じる「あのー」や「えーっと」といったつなぎ表現がアプリではそのまま表示されて質問の意味が読み取りにくくなることだ。質問の言い換えや、意図がきちんと伝わるように文字で表示することの難しさも実感した。取材時間はトイレ休憩をはさんで5時間以上に及んだ。女性は嫌な顔一つせずに答えてくれた。

聞き取れなくても頭脳でカバー

女性は、先天性の難聴だ。3歳の時に「聴覚障害」と診断された。自身が初めてそのことを自覚したのは、4歳の時だったという。

「飛行機型のジャングルジムで遊んでいる時だったと思います。一緒に遊んでいる友達は、笑ったり、はしゃぎあったり、互いに反応しあいながら動いているように見えました。私は補聴器をしている間は少しの音は聞こえるけど、何と言っているかまではわからなくて。友達の相互作用の中に入れていない。ひとりぼっちになっているなと感じていました」

公務員だった両親は聴者だった。女性は幼稚園と小学校1年まではろう学校に通ったが、「聴者に慣れてほしい」という親の希望で、小2から一般の公立小学校へ転校したという。

「体育館のステージに立ち、ろう学校と違ってたくさんの子どもが並んでいるのを見て、とてもワクワクしたのを覚えています。好奇心旺盛な子どもでした」

補聴器をつければ、少しの音は聞き取れた。先生や同級生が発する音と、相手の口の動きや表情、しぐさ、文脈などから意味を推し量り、少しずつコミュニケーションがとれるようになったという。

ただ授業中は、教壇から説明する先生の言葉は、距離があってほとんど聞き取れなかった。しかし勉強に関しては、あまり問題にならなかったという。学習の内容は、教科書を読めばほぼすべて理解できたためだ。

「ドリルやテストはだいたい満点でした。でも、テストは内容と時間を一方的に決められるので好きじゃなかった。夏休みの宿題は一日で終わらせていましたね。英語は、発音記号から（音を頭でイメージして）覚えていました」

「聞こえる」のにできないのが不思議

小学6年の時の通知表を見せてもらった。ほとんど「◎」の中で、5カ所だけ1～3学期を通して「○」の項目があった。

例えば国語では、「聞き手にも内容がよく味わえるように朗読する」「細かい点に注意して内容を正確に聞き取り、自分の意見や感想をまとめる」の項目は「〇」。音楽では、「音の響き合いを感じて歌ったり、音色の特徴を生かして演奏したりする」が「〇」だった。いずれも、聴力や発話が必要な項目だ。

耳が聞こえず、話すことも難しいのだから、できないのは当たり前だ。それなのに他の聴者の子どもと同じ基準で「〇」と評価するのは、あまりに機械的すぎないか。そう思い、「学校ってやっぱり硬直的ですね」と感想を言うと、女性は苦笑いしながら言った。

「先生から通知表のコメントで『学習意欲低下』と書かれたこともありました。それはその通りなのですが、なぜ自分が勝手に教科書を先に進めて読んでいるのかということを知ろうとしてくれなかった。『聞こえないから、今どこを学んでいるのかわかっていないのだろう』と思われて、注意されることもよくありました。そうじゃないんだけどなあって」

女性にとっては、勉強はがんばってするものではなかった。ただ単に、教科書を読んでいれば、内容を理解でき、テストもできただけ。それが普通のことだとも思っていた。さらに言えば、耳が聞こえる同級生は、耳が聞こえない自分よりも、もっと勉強ができるはずだと考えていたという。

「先生が黒板に板書をしますよね。あれは、耳が聞こえない自分がノートをとるためにしてくれているのだろうと思っていましたから」

だから、テストの点数が自分より悪い同級生がいることが不思議だった。先生の話す内容を聞き取れない自分が理解できていて、聞き取れるはずの同級生がついてこられない状況が、理解できなかったのだ。「聞こえる人ってバカなんだ」と思うこともあったという。

ショックを受けたいじめの理由

そうこうしているうちに、同級生の目が冷たくなっていった。鬼ごっこで集中的にタッチされたり、集団無視されたりした。

「耳の聞こえる人たちって、なんでこんな効率悪いことするんだろうって不思議に思っていました」

5年生のある日。勇気を出し、学校のアンケートでいじめの被害を申告したことがあった。その後の保護者懇談で、担任の先生が、母にこう言ったという。

「聞こえないのにできるから、いじめられているようです」

女性はそれまで、同級生にいじめられるのは、耳が聞こえないからだと思っていた。耳が聞こえないから悪いのだと。それなのに、「聞こえないのにできるから」なんて、どう理解していいのかわからなかった。

「大ショックでした。それからです。障害者はバカでいたらいいのかな、そうすれば友達と仲良くなれるのかな、と思うようになったのは」

小学校の卒業式の時の写真を見せてもらった。同級生らと整列して後方を向いて立っている女性は、耳に補聴器をつけている。どこか、不安げな表情で斜め上を向いていた。

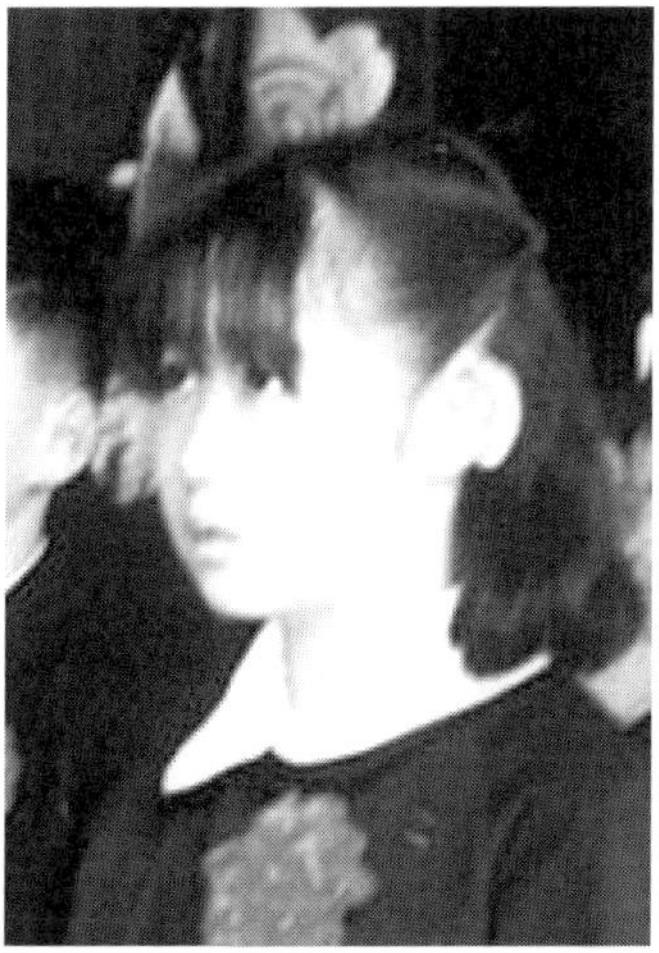

小学校の卒業式の時（提供写真）

「あなたのために」親の重圧

家庭環境はどうだったのか。尋ねると、女性はまた険しい顔を浮かべ、キーボードをたたき始めた。

「褒められた記憶はない」「社会に出たら周りは聞こえる人ばかりなので、親は早くから慣れたらいいと思ったみたい」

「当時は親に殺されるって思っていました。親は今は反省しているみたいですが」……。「将来のために」と厳しくしつける両親だったそうだ。だが、聴覚障害がある子どもにこれほどつらい思いをさせることが信じられなかった。親が抱えていた不安はどういったものだったのだろうか。

女性によると、両親は女性が幼少時代、医師から「将来話せるようになるか、仕事に就けるかはわからない」と言われていたという。そのため、女性が将来一人で生きていけるようにと、聴者と同じ環境で育てようと考えたという。「聴者に認められるには勉強ができないといけない」「あなたのためにやっているの」などと、繰り返し言われた記憶が女性にはある。「親の前では『できる自分』を見せ続けなければならなかった」と振り返る。

学校と家庭、引き裂かれる心

今では信じられないことだが、女性が生まれた1980年代はまだ、手話を使うことは多くのろう学校で禁止されていた。障害者基本法の改正で、手話が言語であると初めて明記されたのは2011年。それまで聴覚障害者には、相手の口の形を読み取り、それを真似ることで言葉を発する「口話教育」が盛んに行われていた。

女性も今でこそ手話を使ってコミュニケーションをとるが、子どものころは両親や教員から「手話を使わないように」と言われていたそうだ。また教員から「いろいろな体験をさせて」とも言われていた両親には、キャンプや釣り、スキーなどによく連れて行ってもらったという。小学生のころは、スイミングスクールやエレクトーン教室などにも通い、家庭教師もついたという。

女性は当時を「何に対しても成績を残さないといけないと思っていました」と言い、「ここまでやれば認めてくれるかなって感じでやり続けていました」と振り返る。

親の期待に応えるには「できる自分」を出さなければいけない。しかし、学校では「できない自分」でいたい。女性の心は、次第に引き裂かれていった。家では何も話さなくなり、「死にたい」と考えるようになっていたという。エレクトーンや習字で失敗すると、自分で手や足を赤くなるまでたたいたりつねったりするようになっていった。

「親は、自分たちが死んでも私が一人で生きていけるようにという思いだったと思います。ただ私は、『できる自分』と『できないでいたい自分』との間で、どうあればいいのかわからなくなっていきました」

「がんばってるね」の一言が……

進学校の県立高校に進むと、親は喜び、厳しいことは言わなくなった。そこで、女性はようやく「できる自分」を封印することができた。「できない人」は親しまれやすいと思い、テストでわざと20点や30点をとってはクラスで笑いのネタにして楽しんだ。ダウンタウンや明石家さんまなどが出ているお笑い番組を見ては、ものまねをしたり「どうウケるか」を考えて友達とはしゃいだりした。「いじめはなくなり、友達もできました」。

だが、「聞こえないのにすごいね」「聴覚障害があるのに、よくがんばっているね」。そう言われるたびに、女性は違和感を覚えた。勉強ができるのは、自分にとっては努力したことではなく、普通のこと。なのに、障害があるだけで、「がんばっている」と見なされるのが、つらかった。「だって、聞こえないことと、能力は関係ないはずですよね?」。

その通りだ。だけど、あらためてそう問われてみると、私の内心にも、ろう者に対して「聞こえないのはかわいそう」とか、「聞こえないのに頭がいいなんてすごい」といった考えがないとは言い切れない。

そのことを認めると、女性は「そういう心理的な反応は自然なことだと思います」と言った。大事なことは、「うちの親のように、振り返って、あれは先入観があったかもと考えることではないでしょうか。心理的なバイアスは誰にでも起きますから」。そう淡々と語る女性の姿を見ていると、何度もそうした偏見や差別に悩み、葛藤してきたのだろうと想像できた。

米国で認められた「スペシャル」な能力

女性の学生時代の話に戻る。地元の進学校を卒業した女性は浪人し、その後、地方の国立大学に進み、別の国立の大学院も出た。教育や心理学を学んだが、「できる人とできない人のどちらにも嫉妬して、心がめちゃくちゃ」な状態だったという。さらに不安定になった女性は、「自分はいるべき存在じゃない」とリストカットなどの自傷行為を繰り返していた。

転機は、米国への留学だった。語学を学んだあと、米国の聴覚障害者が多く通う大学院に入った。留学4年目のある時、心の不調を訴えると、学部長から「知能検査をしてみよう」と勧められたという。

「WAIS-Ⅳ」(104ページ参照)を受けた結果、四つの指標のうち、作業の速度を測る「処理速度」がIQ140と極めて高いスコアが出た。目で見た情報から形を推理する「知覚推理」もIQ117と高い数字が出た。一方、ことばの理解力や推理力、思考力を示す「言語理解」はIQ98、「ワーキングメモリー」はIQ95と平均的だった。

女性は「ただ、びっくりでした。なんとなく人より高いとは思っていましたがまさかこれほどとは」。そして、学部長に伝えると、「驚かないよ」と言ってくれた。

学部長から、「レポートが理路整然としていて深く考えていたから、普段から教授陣の間で評価していたんだ」と伝えられた。そして「今まで出会った中でスペシャルな生徒の一人だ」とたたえてくれた。障害に関係なく、自分の能力だけを認めてくれたことがうれしかった。

「学部長との出会いが大きかったですね。ずっと『できる』ことで嫌な思いをしてきたので、『できる』ことの良さを自分で感じたかったし、人にも思われたかったんです」

米国でもう一人、影響を受けた人がいる。

同級生から紹介されて会った20代の米国人男性だ。女性と同じように先天性の難聴で、音楽が好きで楽器の演奏もしたいのに、講師には「聞こえない人に教えたことがない」と断られるなど、道を閉ざされる経験をしていた。この男性は、聞こえる人は優れており、聞こえない人は劣っているとして差別することを「オーディズム」と呼んでいた。「音楽ができない」「勉強ができない」といったろう者に対する聴者のイメージにより、ろう者の可能性が閉ざされていることを嘆いていた。男性はYouTubeなどで「動物は言葉を話さない。じゃあ動物は人間より劣っているのか？　そうではない」と訴えていた。その後、自殺した。理由はわからない。

女性は「彼の生きづらさがよくわかるので、自分もそうなる可能性があると思っていました。私たちのようなろう者を増やしたくない」と語る。

可能性を閉ざさない

教員を志したのは、そのころだ。

米国のろう学校で、小中学生に将来の夢を聞く機会があった。

子どもたちはなりたい職業よりも、「自分はバカだから」「周りの大人がそうだから」といったイメージで将来を考えていた。

日本のろう学校で知り合った子どもたちも同じことを言っていた。手話を使えば、子どもたちは豊かな表現をしたり深い考察をしたりと、それぞれに光る才能がある。しかし聴覚障害があるというだけで、自分の可能性を閉ざしている。

「子どもたちの様子を見ていると、自分の経験が何か役に立てるのではと思いました。それぞれが『できる』ことを、親や先生、何よりもその子自身が考えて学ぶ力を育てたいと思ったんですね。私は苦しかったけれど、大学院や留学をして聴覚障害に関して専門的に学ぶ機会に恵まれたのはたしかで、自分の『できること』がポジティブになるかもと思いました」

日本に戻り、教員になってまもなく10年になる。

社会には今も、ろう者に対して「かわいそう」「頭が悪い」「音楽に親しまない」といった先入観があると女性は感じている。

ろう者の中にも、手話はできるのに日本語がうまく読み書きできないことを理由に「勉強ができない」と思い込む子が多い。

そんな子には、「手話はばっちり。日本語に置き換えるのがまだ難しいね」と伝えている。

手話と日本語を区別して評価すると、自信を持てる子どもは多いからだ。聞こえないことを理由に、できる、できないを評価するのではなく、その子の得意なことと苦手なことを見つめ、一緒にどうするかを考えられる教員になりたいと思っている。

女性は「それぞれが持つ才能をそのまま発揮できる社会になればいいと思います」との思いを私に伝えてくれた。

5

能力を発揮するたび
上司と衝突、広がった「ずれ」

沈黙の全校集会

学校になじめないギフテッドを取材してきたが、会社ではどのような苦労があるのだろうか。そう考えていた時に、出会ったのが吉沢拓さん（36）だった。

ブログやツイッターで情報発信されている吉沢さんは、壮絶な経験をつづっていた。社会人になってから3度の長期休暇、自殺未遂を経験した。周囲との「ずれ」は、自分ができないからなんだ——。そう絶望した中で、自身がギフテッドであると知ったという。ぜひ会って話を聞きたいと思い、取材を依頼した。

初めて吉沢さんと出会ったのは、クリスマスムードに包まれた2022年12月のことだ。勤務先のＩＴ企業は、東京の高層ビルにある。若者でごった返す道をかき分け、オフィスにたどりついた。

無人の受付機で来館の手続きを済ませると、すぐに吉沢さんが駆け寄ってきてくれた。細身の黒いスーツに身を包み、きれいにセットされたパーマヘア。清潔感あふれる姿からは、都会のビジネスパーソンのにおいがした。

「普段はこんな格好しないんですよ」

はにかみながらそう教えてくれた。

苦難の連続である社会人生活の前に、幼少期の吉沢さんについて、まず聞いてみた。

小学校低学年の時は、折り紙に没頭。大人向けの難しい本を見ながら、80センチ四方の紙から巨大な作品を作り上げた。習い事のピアノではソナタを弾けるものの、耳で聞いたものを再現するやり方で、譜面は読めないままだったという。

自身の体験を発信している吉沢拓さん
（撮影　写真映像部・高橋奈緒）

そして、小学生の時から、周囲との「ずれ」を感じていたという。算数オリンピックでは全国大会に出場し、出題されたある問題に魅了された。「こんな問題がこんなシンプルな方法で解けた。僕はそれが素晴らしいと思った」と全校集会で報告すると、聞いていた児童たちは黙り込んだ。算数の解き方をうれしそうに力説するものの、その内容は同級生には理解できなかったのかもしれない。

「それが初めて盛大にスベった経験で、すごくよく覚えています」

吉沢さんはそう言って苦笑いする。

小学校で行われたＩＱテストの結果は、80年の歴史がある小学校の児童でも前例がないほどの高い数値で、母親が学校に呼び出されたという。理解がゆっくりの児童に合わせた授業の進め方が合わず、いつの間にか学校が嫌いになっていた。

「なんとなく、周りとは合わないな、うまくいかないなと思っていました。自分が面白いって思うことを言うと、怪訝《けげん》な顔をされたこともあります」

そんなことが積み重なり、授業中に教室を飛び出すことが何回もあった。屋上に行って、一人で泣いていたこともある。高学年のころから、学校にはあまり行かなくなったという。

一方で、自分で教材を進める方針の塾ではぐんぐんと吸収していき、10歳で中学の範囲までの勉強を終わらせた。楽しかった塾が居場所となり、模試では全国ランキングに入る点数を取り、表彰された。

自由な中高、楽な大学から一転

中学受験で、校則がなく自由な校風の進学校に合格。数学がおもしろくなくなり、勉強に割く時間は徐々に減っていったものの、数学や物理は自然と点数が取れた。日本史や世界史は苦手だったが、成績は学年の中で真ん中くらい。「中高の時は、周りに賢い子がいっぱいいたので、会話のレベルがずれるというのはありませんでした。でも、クラスや部活ではなじめない。絡んでくる相手に『なんや！』と神経質な態度で接してしまうこともあった」と話す。

だが、自分の「居場所」が他にあった。インターネットで知り合った年上の友人たちのおかげで寂しい思いはしなかった。インターネットでやり方を調べて独学でサイトを作り、ゲームに熱中。多くの時間をインターネットで過ごすようになったのだという。

大学では、情報工学系のコースに進学した。

「授業も自分で選べ、他人に気を使わなくていい。生活が自分で完結していて、授業の単位を取れば文句を言われることもない。自分一人で研究でき、とても楽だった」

自分が興味を持ったシステムをつくることが評価の対象となり、とんとん拍子で卒業した。「社会をのぞいてみたい」と思い、研究職ではなく、就職を選んだ。

社会人生活では、視野の広さを活かした仕事ぶりが評価される一方、従来通りのやり方を踏襲する上司や同僚からは疎まれることもあった。学生時代の話をテンポ良く語ってくれた吉沢さんの表情が、真剣になっていった。

上司の「当たり前」が理解できず……

社会人になりたてのころは順調だったという。研修では、チームを組んでシステム開発をする場面があった。システムエンジニアとして入社していた吉沢さんはチームのメンバーを牽引《けんいん》してプログラムを作成。最優秀のリーダーとして、表彰された。

変化があったのは、現場に配属されてから。

「配属されると、『半沢直樹』で見た世界が広がっていました。お気に入りとそうでない部下への扱いの差が大きく、『お前本当に使えないな』と言われることもありました」

自分以外の人が怒鳴られる場面も我慢できなかった。上司が大声で誰かの名前を呼び出すたびに吉沢さんも席を外し、トイレに逃げ込んだ。

システムエンジニアといっても、やることは議事録の作成や委託先の管理だった。議事録をつくるにも、上司やチームに「お伺い」を立てないといけない社風だった。上司から言われた通りに委託先へ依頼すると、委託先の人たちが倒れていく。どうすれば委託先の人も作業がしやすいのかを考え、働きやすい環境を提案。すると、委託先からは感謝された。

次第に、社内での調整や人間関係が複雑な社風についていけなくなった。上司が思い描いている通りの行動をしないと怒られ、上司の言う「当たり前」が理解できない。「自分はダメな人間なんだ。頭が悪いからわからないんだ」と考えるようになり、精神科を受診した。「うつ状態」と診断され、薬を飲んでも回復しない。長期休暇をとり、どんどん投薬の量が増えていった。

人事コンサルティングの会社に転職しても、順調とはいかなかった。「前例踏襲」を当たり前とする会社にとって、「前例」にとらわれずにより良い成果を求める吉沢さんの発想は、歓迎されなかったようだ。

より効率の良いシステム管理の方法を委託先と検討していると、不要な作業や発注方法に問題があることがわかった。その問題を解決することで委託先の品質が改善し、信頼関係を築いた。本質的な解決に導けたことに手応えを感じていたが、「どっちの味方なんだ。厳しく取引先を管理しろと言っただろう。言われたことをやってない」と上司から怒られた。

がんばった時ほど「頭が悪い」

自分のアイデアや課題を解決するための踏み込んだ思考をもとに主体的に動くと、上司や先輩たちの考えと合わなくなり、低評価を受ける。「人の気持ちが理解できない」「思考能力がない」「自分の頭が悪いことを受け入れろ」とののしられることもあり、体調が悪化。休職した。経緯を聞いた重役と他の上司からは「あなたのような人材が会社に必要だ」と言ってもらえた。嬉しい半面、「だったら、なぜ守ってもらえないのか」という悔しさも入り交じった。

上司と吉沢さんの間には、見えている視点や仕事のやり方に大きな違いがあった。吉沢さんには、保身のためにやり方を変えようとしない上司の思考が見て取れた。一方で、上司や周囲の人には、会社やグループ企業全体のことを考えて提案する吉沢さんの考え方は理解できなかったのかもしれない。

吉沢さん自身は、上司や同僚と衝突するたびに悩んだ。「自分は正しいことをしているはずという思いと、自分ができないから悪いんだという葛藤をずっと続けてきた」という。

自分の能力を発揮できたと感じた時ほど「頭が悪い」「使えない」と批判された。既存の方法にとらわれずに効率の良い方法を考えようとすると、受け入れてもらえない。そんな思いがずっと頭をめぐった。

休職した時には、産業医にも相談へ行ったという。すると5分も話さないうちに「あなたはきっと境界性パーソナリティー障害で、人に興味のない人格障害」と言われた。それをかかりつけ医に相談すると、精神科病院への入院を勧められた。その診断に納得できず、外部の心理検査を受診。周囲とのなじめなさの原因は、境界性パーソナリティー障害などではなく、吉沢さんのＩＱの高さにあると判明した。

仕事場でも、医師からも、自分の人格や能力を否定されることを言われ続け、自分を支えることが難しくなってきた吉沢さん。このころには、趣味の音楽でイベントを開催してなんとか自分を保っていた。計画的に人をまとめて動かすのは得意だったため、手応えも感じていた。多くの人に楽しんでもらえる場を作れることに、喜びを見いだしていた。しかし、心身への負担も大きく、酸素が足りないなか、海面でもがくような感覚だったという。

能力ゆえの悩み、初めて肯定された

人間関係に苦しみ、3社目の会社に転職。人事データの分析を担った。自身の存在意義を探し求めるため、まっすぐ自分の道を進んで何が起きるか見届けようとした。

上司が吉沢さんの考えをよく思っていないからなのか、すでに経営層まで承認を得た企画を進めようとすると、上司から計画を変更するよう圧力をかけられた。自分の成果を横取りされたこともあった。多様性と公正をうたう会社の理念に従って、「人として間違っている」と感じた行動には異議を主張し会社にも訴えた。だが、「あなたは間違っていないし、周囲に問題があるのはわかるが、対応するこちらの立場と労力も考えてほしい、うまくやってくれ」と突き放され、状況は変わらなかった。

別の同僚からは「私は静かに業務をしたいので、あなたが上司や同僚と衝突するのは迷惑だ。私は『サラリーマン』ができる」とも言われた。面談の内容がねじ曲げられ風評を流されることもあった。匿名で行っていた発信活動を同僚に発見され、アウティングの被害にも遭った。

「人間には自分のための能力と社会のための能力があります。その中で自分の行動基準や能力は、社会に向けたものに偏ってしまっていると感じます」と吉沢さん。

「自分の能力で社会に役立てられている部分はあると感じていますが、なかなか自分には返ってきません。遠くの人に喜ばれ、近くの人に嫌われます。遠くからは応援されるが、みんな近づいてきてはくれません。そういう世の中の構図に失望しましたが、それを自身で確かめられたことに満足もしました」

苦しくても、正しいと思う行動を取り続けることができた。そんな自分の矜持を保てているうちに死のうと考えた。

２０２０年12月、自殺を企てた。未遂となり、翌日から仕事を休職した。

「最期まで魂の形を保ちたい、胸を張れる自分でいたい」。その思いから、遺書にはつらかったことや恨みではなく、周囲への感謝だけを書き残した。

もともとは、人間とは、社会とは、自分とは――。そういった抽象的な問いかけを探求するために、自分をいろいろな企業に投げ込んで実験してきた。その答えを出した以上、もはや何のために生きているのかわからず、頭は真っ白な状態だった。心理検査やカウンセリングを経て、自分とは何か、どのような特性なのかを調べているうちに、ギフテッドにたどりついた。

東京大学大学院総合文化研究科で「ギフテッド創成寄付講座」を開いている池澤聰《さとる》さんに出会った。そこで初めて、吉沢さんの悩みが「能力があるからこその悩みなんです」と言われた。

「初めて自分を肯定してくれる人で、とにかく『助かった』という感覚でした。少しずつ自分を許していってもいいかなと思えるようになりました」

自分の「取り扱い説明書」を渡す

そこから、ギフテッドについて調べ、自分がこれまで周囲と折り合えずに苦悩してきたのは、ギフテッドゆえの特性からくるものだとわかった。

頭も心もセンサーが敏感で、正義感が強い。視野が広く、日常にある疑問や矛盾に気がつきやすい。説明書は読まず、触って覚える。枠の中にはめ込まれるのが苦手で、自分で創造するのが得意。自分の特性とはどういうものなのかがクリアになっていった。

休職中でどん底の状態だったが、勤務先に戻ることは現実的でなかったため、転職活動を始めた。開き直って、履歴書には、心に負荷がかかって休職していること、自身にギフテッドという特性があるということも書き加えた。

IT企業の1次面接を受けることになり、面接担当者からは、ギフテッドについて聞かれた。ギフテッドというのはどういう特性なのか。能力を発揮するためには、どういう支援が必要なのか。吉沢さんは、正直な思いを伝えた。

「自分が過去に成功したのは、いずれも人とやり方は違ってでも、勝手に動かせてもらえた時でした。不躾なお願いですが、もしご一緒することになったらそうさせてほしいです」

最終面接でもギフテッドの話題になり、面接担当者からは「会社にもそういう人はたくさんいると思うよ」と言われた。吉沢さんは、「当たり前の存在として見てもらえる」と安心できたという。

入社してからは、自分の取り扱い説明書を渡した。

苦難の末に自分の特性を理解した
（撮影　写真映像部・高橋奈緒）

「自分はプロジェクトのようなチームを組む動きより、人より先を一人で突っ走って成果を形にします。つなぎ役はそれが得意な人にお願いします」と伝えた。そうした吉沢さんの得意分野を活かしたことで、成果も出ている。社内の個人MVPにノミネートされたり、人事データを分析する外部のコンペで表彰を受けたりした。

ただ、こうした能力の発揮の形を会社に認めてもらうのには課題を感じた。長所を活かし短所を周りにフォローしてもらうという働き方が減点対象となり、周囲と同じ働き方を目指すことがキャリアとして求められた。今後、社内で多様な能力が活かされるためのモデルケースになれるよう対話を続けているが、まだまだ壁は厚いと感じている。

なじまなくたっていい

ギフテッドは、「知能が高くて、社会性が低い」という誤ったイメージを持たれがちだ。「本当に頭が良い人は周囲とうまくやるはずだ」という批判を向けられることもあるかもしれない。しかし、知能が高く、視野が広いからこそ、方法や目指すゴールが周囲と異なるのかもしれない。

ギフテッドの特性として、複雑で論理的な洞察力や正義感などがあることがこれまでの研究で指摘されている。吉沢さんの仕事の目的は、上司の顔色をうかがうことや社内政治をすることではなく、会社や社会が良い方へ向かうこと。まっすぐに最適な方法を模索することを周囲が理解できなかったのではないか。

吉沢さんはギフテッドをスポーツカーで例えてくれた。

「スポーツカーで公道を走ろうとすると、ブレーキを踏みながらヨロヨロと走ることになります。走りやすい道を用意してくれる人や、助手席に乗ってくれる人など、アクセルを踏み続けられる環境が必要」だという。「自由に走れる環境があれば、勝手に走る」。それがギフテッドなのだという。

なんでもバランスよくできる優等生に憧れるかもしれないが、それを目指す必要はない。大谷翔平選手が将棋を指せる必要はないし、藤井聡太さんが時速１６０キロのボールを投げられる必要もない。

「多様性」をうたう会社も多いが、本当の意味で「人と違う」ということを認めてくれる会社はそう多くはないのかもしれない。扱いづらい、周囲の意見を理解できないなどとすでに排除されているギフテッドもいれば、自身が周囲から浮くことを恐れて才能を隠しているギフテッドもいるかもしれない。

これからギフテッドが浸透し、採用しようという会社が出てきた時には、ギフテッドの特性や得意不得意があるということを知ってほしいという。

「ギフテッドはなんでもできる夢の人材ではありません。優秀なのではなく、特殊ということを知ってもらいたいです。扱いづらい点もあるかもしれません。会社として必要な能力と思ってもらい、能力を守って活かす方法を考えてもらえれば、お互いに良い結果を与え合う関係になれるのではないでしょうか」

現在は、東京大学大学院のギフテッド創成寄付講座で、当事者として研究協力をしたり、講演会で適応に苦しんだ体験を話したりしている。自分と同じように苦しむ人を減らすため、第三者が声をかけやすいよう名前と顔を出すことを選んだ。

「人と違うことは決して悪いことではない。だから人と同じになろうとするのではなく、人と違う自分のことを認め、嫌いにならずにいてあげてほしい。そして、周囲の方々には、伸ばそう、教えようとするのではなく守ってあげることを大事にしてほしい」

第 2 章

「ギフテッド」とは
どのような人か

彼らが感じる困難

ギフテッドとはどのような人たちなのか。

この章では、専門家に話を聞きながら、ギフテッドの特性について考えていきたい。

2021年に発足した文部科学省の有識者会議は、特定の分野に特異な才能のある当事者や保護者、教員、支援団体職員らにアンケート調査を実施。980件の事例が寄せられた。調査結果には、驚くような才能が並ぶ一方、学校での苦悩も列挙されている。その一部を紹介する。

【特異な才能】

・中学に入り、ハングルを読み書きし中国語を聞き取る。スペイン語、フランス語を自学

・英単語は一度聞けば覚えられる

・4歳で進化論を理解、8歳で量子力学や相対性理論を理解

・6歳で初めてピアノを弾いた時に両手で弾けた。聞いた音楽を「耳コピ」できる

・６歳でアフガニスタン紛争やカンボジア内乱、中国文化大革命、国連の意義などを毎日、お風呂の中で考えている
・２歳で歌を作り、４歳で絵本を作った。小５の現在はアプリを作成中
・４歳で九九を暗記、６歳で周期表を暗記

【学校で経験した困難】
・授業が面白くないと我慢の限界がくる。学校脱走を重ね、不登校に
・鉛筆で書く速度と、脳内の処理速度が釣り合わず、プリント学習にストレスを感じた
・同級生の共感が得られず孤独。思ったことを発言すると教師や同級生が驚くので、嫌になる
・教師の期待に疲れて不登校になった時に見放さないでほしかった
・学校ではみんなと違う部分が強調され、いじめの対象となりやすい
・（先生に）ギフテッドの知識がなく、担任が代わるたびに子どもの特性を説明しなければならない

こうした個性を持った子どもたちは、いずれも「ギフテッド」にあたるのか。

文部科学省の有識者会議では、その定義をめぐって、会議の中でたびたび議論が交わされた。

「特異な才能を定義することで、それを伸ばすことに教育の力点が置かれるようになりかねない」

「枠組みをもって定義していくだけでは拾えないもの（能力）が数多くある」

委員らからそうした指摘があった。

22年秋にまとめられた提言では、IQ（知能指数）などをもとにして才能を定義すると、高IQの人を選抜する動きが出てくるとして、「定義はしない」と結論づけた。そのうえで、提言では「特異な才能のある児童生徒の抱える困難を丁寧に把握し、それぞれの環境や条件に応じて適した対応を柔軟に講じることが必要」とした。

海外のギフテッド教育の基準も国や地域によって異なり、IQ130以上を対象にする国もあれば、独自の基準を設ける国や地域もある。

ギフテッドに関する専門書の翻訳を手がけ、発達心理学や教育心理学が専門である上越教育大学の角谷《すみや》詩織教授に話を聞くと、世界的なおおよその共通理解となっている定義を教えてくれた。

・並外れた才能ゆえに高い実績をあげることが可能な子ども
・実際目に見えて優れた成果をあげている子どもだけでなく、潜在的な素質のある子どもも含む
・才能の領域は、知的能力全般、特定の学問領域、創造的思考や生産的思考、リーダーシップ、音楽、芸術、芸能、スポーツに及ぶ
・有資格の専門家（教師、医師、臨床心理士、芸術やスポーツの専門家等）により判定された子ども

IQとは何か？

では、専門家はどのように判定しているのだろうか。才能の一つの指標とされているIQとはどうやって導き出すのか。

国内では、精神科や心療内科などで知能検査を受けることができる。臨床心理士や公認心理師らが1時間程度かけ、一対一で検査をする。検査の内容は、知識を問うものではなく、様々な領域での知的能力を測る。

国内でも広く利用されているのは、「ウェクスラー式知能検査」という方式で、70年以上前にウェクスラーというアメリカの心理学者が開発した。その5回目の改訂版を「WISC-V」(ウィスク・ファイブ、Wechsler Intelligence Scale for Children-Fifth Edition)といい、現在、知能検査として世界中で最も用いられている。10種類の基本的な検査と、必要に応じて行う6種類の補助的な検査で構成されている。この検査を受けることで、全般的な知的能力と、主要指標という次の5つの領域(改訂前の「WISC-Ⅳ」では4領域)の得点などを知ることができる。

① 言語理解指標(言語による理解力や推理力、思考力)
② 視空間指標(空間認識力や統合、合成などの能力)
③ 流動性推理指標(視覚対象物の関係を把握、推理する力)
④ ワーキングメモリー指標(一時的に情報を記憶しながら処理する能力)

⑤　処理速度指標（視覚情報を処理するスピード）

どの能力に長けているかは、人によって異なり、すべての領域で全般的に高い人もいれば、一部の領域が得意な人もいるという。なお、同種の成人向けの検査は「ＷＡＩＳ」（ウェイス、Wechsler Adult Intelligence Scale）と呼ばれている。

高１が小６のクラスにいるようなもの

文部科学省の調査でも、取材したギフテッドの当事者の方々の話からも「周囲とのなじめなさ」が浮かび上がる。なぜギフテッドの人たちがそうした苦悩を抱えるのか。角谷教授はこんなことを教えてくれた。

「知的な才能のあるギフテッドの子どもは、平均的に2〜4学年、知的レベルが進んでいると言われています。これは、小学6年生が小学2年生のクラスに所属していること、高校1年生が小学6年生のクラスに所属していることに相当します」

知的レベルの異なる学年のクラスで過ごす居心地の悪さを想像すると、「周囲とのなじめなさ」も納得できる。

「高校1年生に対して、小学6年生の授業をまじめに膝の上に手を置いて聞くようにと言って、その通りにするでしょうか。高校1年生に対して、休み時間は6年生と意気投合して仲良く遊ぶように言って、そうできるでしょうか」

上越教育大学の角谷詩織教授
（提供写真）

取材したギフテッドの当事者の方からは「授業はつまらない」「集団の中で異物ととらえられた」といった声を聞いた。当事者たちがそう話す理由も角谷教授の話を聞いて合点した。ぼーっとしているように見える子どもがいれば、教員は「やる気がない」と判断するかもしれない。教員を質問攻めする子どもがいれば、「嫌がらせをしようとしているのかもしれない」と感じるかもしれない。でも、ギフテッドの子どもたちからすると、純粋な知的欲求からくる行動であって、そこには他者を責めるような意図はないのだという。

「授業に集中できない、ルールを守れない、集団行動ができない、わがままなど、教員から見ると『なぜだ？』と思う行動があるかもしれません。でも、その行動が見られる子どもが悪いわけでもなく、教員としての力量が足りないからでもない。ギフテッドの、一見、才能とは無関係に見えるような特性が、実は知的能力の高さと関係があることが理解できると、なぜそのような行動をとるのか筋が通るような体験をすると思います」

「ギフテッド＝天才」ではない

ギフテッドの子どもが興味のあるものを目の前にした時の例えを角谷教授がしてくれた。「空腹で倒れそうな時に、目の前にクッキーが現れて、それをむさぼるようなもの」なのだという。私は、それほど強烈な好奇心が生まれたことはなかったが、自分ではコントロールが容易ではないほどの感情なんだと想像した。

同時に、ギフテッド＝天才といった誤ったイメージを指摘した。

「小学校に入る前に外国語が話せるようになる、相対性理論を完全に理解する、など超人的な才能を見せる子どもがギフテッドだと誤解されているように感じます」

メディアで取り上げられるのも、若くして英語や数学の検定に合格した子どもや飛び級で大学に入学した子どもなどで、華やかで実年齢と大きく乖離《かいり》した結果を残した子どもがフォーカスされやすい。珍しいがゆえに、ニュースとして取り上げられてしまうのだ。私自身も、当初ギフテッドに抱いた印象はそうした「超人」だった。

このような情報を見聞きするうちに、「ギフテッド＝人並み外れた超人的な才能を持った天才」といったイメージが先行しているのかもしれない。しかし、そうした超人的な才能があるのはギフテッドの中でもごく一部で、極めてまれな存在なのだという。

「学校の先生が『教師人生でそんな才能の子どもを見たことがない』とつぶやいたと聞いたことがあります。この先生の感覚は決して間違っておらず、ギフテッドのイメージが超人的なものに限定されてしまったことに誤解の原因があると思います」と角谷教授。

つまり、超天才がギフテッドだと誤解をしてしまうと、学校の先生たちは自分たちの教え子の中にギフテッドがいるにもかかわらず、気づかない可能性があるということになる。

角谷教授によると、ギフテッドとされる子どもは様々な才能において3～10％程度いるとされている。35人がいる教室では、1～3人のギフテッドがいることになる。「教師人生で見たことがない」どころか、今の教え子の中にもギフテッドがいるかもしれないのだ。ギフテッドのうち、9割を占めるのがＩＱ１２０～１３０の人で、「人並み外れた超人的な才能を持った天才」とイメージされるIQ160を超えるような人は、ギフテッドの中でもごくごくわずかだという。

「学校の先生であれば、毎年ギフテッドに出会っている可能性が高い。想像よりも多くの子どもたちが『学校の勉強は知っていることばかりでつまらない』という悩みや自分の特性を理解されずに困っている可能性があります」

授業に愛想をつかす場合も

IQ120〜130の人たちは目に見える異能ぶりを発揮するものなのだろうか。

「IQ120前後の子どもが何らかの特定の教科で目をみはるほどの才能を発揮しているということはほとんどないでしょう。なんとなく、頭は良さそうで面白いところに気づくとか、ちょっと変わっているとかそんな子どものほうが多いだろうと思います。学校の勉強に愛想をつかしてしまった場合、小学3〜4年生ごろまでに学業不振の兆候を見せ始めることもあると言われています。知的な素質がありつつ、学校の成績は散々だというギフテッドもいるわけです」

ギフテッドの子どもは、授業の半分から4分の3を「ただ待って過ごしている」という研究もある。現在、日本の公立の学校では、子どもを選抜し、個々の才能を伸ばすことに特化した英才教育は行われていない。今の制度を大きく変えずに教育現場でできる工夫というのはあるのだろうか。

「ギフテッドの中で最も多数派のIQ130前後の子どもたちへの教育をそんなにがちがちに構えないでほしいなと思います」

そう話す角谷教授が、ヒントになりそうな1本の動画を紹介してくれた。ギフテッドの子どもたちが授業を受ける14分の動画だった。

イギリスのある学校。5～6人の幼い子どもたちがグループになり、教員とアルファベットが書かれた絵本を手にたどたどしく読み上げる。もう少し大きな子どもたちのクラスでは、1枚の絵を見ながらどのようなシチュエーションなのか想像を繰り広げる。算数の授業では、数字が書かれたカードを手に九九を学ぶなか、2桁のかけ算の方法を発表したあどけない表情の男の子もいた。

「ギフテッドが特異な才能や深刻な困難を顕著に併せ持つと構えすぎて固まってしまう先生もいるかもしれませんが、かなり身近にいそうな子どもだと感じてもらえるのではないでしょうか。他の児童よりも少し進んでいる場面もありますが、今の教育体制でもできそうだなと感じる要素がたくさんあるはずです」

知的レベルや関心のあることが似た子どもたちを同じグループにして活動してみると、どのレベルの子のグループでも、学習効果を上げることが実証されているという。

例えば、授業中に関係のない本を読んでいる子どもがいた場合、どのように声をかけるのが正解だろうか。

「本をしまいましょう」

「今、何の時間ですか」

そんな声かけが想像つく。だが、こうした声かけは追い詰めることになるのだという。そうではなく、今読んでいる本と授業の内容を結びつけて質問してみたり、授業の中身に少しレベルの高いものを入れてみたりするなどで反応は変わってくるそうだ。「もちろん、授業中に関係のない本を読んでいてよいということではなく、その望ましくない行動をなくすには、どのように働きかけたらよいのか、どのような環境設定をしたらよいのか工夫する必要があるということです」と角谷教授は付け加えた。

発達障害との違いは？

ギフテッドとよく混同されるものとして、発達障害がある。

「私たち大人は、講習会や研修会などで、知っていることばかりの内容だったらどのような行動をとりますか？」

そう角谷教授に尋ねられた。居眠りする、携帯をいじる、会場を出る、内職をする。大人でも様々な行動をとるだろう。ギフテッドも授業でわかりきった内容ばかりが展開されたら……。どうやったら、退屈な時間をやり過ごせるのか。そんな気持ちを想像した。

授業中に立ち歩いたり、集中しなかったりする様が、発達障害があると誤認される場合があるのだという。どのような違いがあるのだろうか。角谷教授によると、障害の場合は、脳の機能障害が問題とされる行動を引き起こす原因となる。ギフテッドの場合、限られた状況や場面でそうした行動に出ることがある。例えば自身に興味のない授業では集中せずに、ぼーっとしているように見えるが、関心のある授業では積極的に挙手をするといったことが考えられる。また、不適切とされる言動について本人なりに筋の通った説明ができるか、本人の意図が背後にあるかが、障害を伴うものかどうかの判断のポイントになるという。

ギフテッドの単語が認知されるようになった現在でも、ギフテッドの特性というものはまだまだ知られていないのが現状だろう。私自身も取材を始めるまでは、「頭が良い」という一面的な部分しかわからず、ほとんどその特性を理解していなかった。ギフテッドの行動が理解できずに悩む人もいるかもしれない。

「ギフテッドの、一見、才能とは関係のなさそうに見える特性と知的才能との関係を知っていただきたいです。人の揚げ足をとろうとしている、ミスを探していると受け取られがちかもしれませんが、自分のほうが知っていると優劣をつけたくて言っているのではないのです。情報を知ったり共有したりするのが楽しくて、純粋な興味関心からの言動なのです。周囲がそうした特性を知り、行動を認めてあげることが重要です」

社会が広く特性を理解してはじめて、ギフテッドの才能が輝く世の中になるのだと感じた。

では実際どのような受け皿があるのか。現場を訪れた。

第 3 章

特異な才能の受け皿

世界中から「異能」が集う孫正義氏の財団

「たった一人の天才」のために

「世界は大変な問題を抱えた状況が続いている。新型コロナウイルスにウクライナ侵攻、難しい状況で、世界各国でインフレが進んでいる。しかし、テクノロジーは毎日進化していますし、新しい論文も毎日のように発表されている。我々の希望はみなさんのような若い叡智です。若さは無限の可能性を秘めています」

2022年11月28日、ソフトバンクグループの孫正義会長兼社長が、Ｚｏｏｍの画面越しに訴えた。

「たった一人の天才が地球の人類全員を救うかもしれない可能性を秘めている。そういう若い人を支援したい。スティーブ・ジョブズ、イーロン・マスクなど、これまでも一人の優れた異能を持ったスーパースターが生まれると地球の全人類のライフスタイルを変えてしまう。優れた叡智やポテンシャルがあるのに十分な教育のチャンスが得られないとしたら、人類にとってももったいない。高い志でみなさんの叡智を役立てていただきたい」

真剣に語る孫氏の話に耳を傾けているのは、孫氏が私財で立ち上げた「孫正義育英財団」の財団生たち。オンラインとリアルのハイブリッドで行われた財団の報告会で、孫氏が若者たちにあいさつした。日本だけでなく世界中にいる財団生たちが集まり、一部の財団生は、渋谷にある財団の拠点や、アメリカから参加した。

財団は「高い志」と「異能」を持った若者に、自らの才能を開花させる環境を提供し、人類の未来に貢献することを目的に16年に設立された。22年7月時点で、７歳から28歳の１９４人の財団生が支援を受け、様々な分野の活動を進めている。

１年に１度開かれる報告会では、孫氏のほか、副代表理事を務める京都大学iＰＳ細胞研究所名誉所長の山中伸弥氏らが参加。財団生たちが取り組む活動報告を見守った。

海外の大学で学ぶ財団生など7人がアルゴリズムやＡＩを組み合わせたシステムの開発、細胞の研究などを3分ずつ発表していった。

「まだ中学生なのにすごいな」。孫氏らをうならせたのは、人工心臓を研究している中学１年の男子生徒だった。東大の医学部を訪れて学んだという男子生徒は、右心用補助人工心臓を開発し、血栓と溶血を発生しにくくするためにはどのような手立てが必要か考えたという。東京都大田区にあるベンチャー企業でインターンをし、日本人工臓器学会で患者に直接話を聞いたことについて報告した。

すべての報告を聞いた孫氏は感慨深げに語った。

「本当に感動した。研究や好奇心を持つのに若すぎるというのは全くないなと感じた。不思議だ、問題だと思うことを解決したい、挑戦したいと思い、長くそのことに一生懸命挑戦することが大きな成果につながるのではないか。人類の未来に大きな希望を抱いた」

食事無料、最新設備の渋谷「Infinity」

東京・渋谷の複合ビルにある財団の拠点「Infinity」。21年の年末、英語で「無限大」を意味するこの拠点を訪れると、10代から20代の財団生がソファ席で熱心に議論を交わしていた。

広い室内には、大きな長机に、広いソファが並ぶ。ガラス張りの個室にはホワイトボードがあり、ミーティングや作業ができるようになっている。無料のＷｉ-Ｆｉが完備され、本棚には様々な種類の書籍が並ぶ。カフェのような雰囲気の中、スーパーコンピューターや3Dプリンター、ドローンなどの機器が並ぶ。財団生であれば、出入りが自由で、食事も無料で食べることができる。

財団は、この施設の他にも手厚く支援する。理事には理化学研究所・理事長の五神《ごのかみ》 真《まこと》氏や評議員には棋士の羽生善治氏らが並ぶ。役員をはじめとした専門家や有識者による講演会などに参加することができ、返済の義務がない支援金も給付。新しいテクノロジーの研究・開発費用や、起業の資金、留学や進学の資金などを援助する。

渋谷「Infinity」のフロント（提供写真）

また、財団生同士の交流も大きな化学反応を生む。財団生が興味のある分野について発表し深掘りするオンラインのセッションや、10年後の未来を考える会合もある。また、財団をきっかけに出会った人たちが一緒に起業したことや、専門分野が異なる財団生で研究を高め合うこともあったという。「年齢に差があったり、研究しているテーマが違っていたり、想像できないような財団生同士のコラボレーションが生まれている」（財団広報）という。

支援を受けている財団生の専門分野は様々だ。数学や物理、言語、プログラミング、宇宙、科学、考古学、ロボット……。飛び級で海外の大学で研究する人や、数学やプログラミングのコンテストで受賞歴のある人も数多くいる。財団生になるためには、1次、2次の選考を経て、最終選考では選考委員の前でプレゼンをする。10代の応募も増え、なかには未就学児の応募もあるという。

いったいどういった基準で選ばれているのだろうか。広報によると「財団として支援するにふさわしい異能人材かどうか」ということだけ教えてくれた。

第1章で紹介した小林都央さんも2022年に財団に仲間入りした。Infinityに通う時間はとても刺激的だという。「学校ではみんなが興味を持ってくれないような3Dモデリングなどを話すことができる。財団生から自分の知らないこともたくさん教えてもらえる」と目を輝かせた。財団はギフテッドを専門的に受け入れているわけではないが、学校などで楽しさを感じられないギフテッドにとっては大事な「居場所」になっているようだ。

僕もそうだった
大学生が寄り添うメタバース

全国から「居場所」にアクセス

ノートパソコンの画面に、自分の名前を冠したヒト型のアバター（分身）が現れた。私が選んだ灰色のそれは、オンライン上の仮想空間（メタバース）を自由に移動することができる。空間には、チェスを置いた机や、ソファが置かれたリビング風の絵がある。音響機材や照明がセットされたダンスフロアや、寝そべる柴犬もいる。まるで昔、ファミコンでやったロールプレイングゲームのようだ。

仮想空間は、NPO法人「ROJE《ロジェ》」（日本教育再興連盟）の「ギフテッドプロジェクト」のチームが運営する「できる〜む」。「あそべるーむ」「あつまるーむ」「まなべるーむ」「はなせるーむ」といったスペースに緩やかに区切られている。参加する子どもは、自宅などからオンラインで参加する。アバターは自分の好きな場所へ自由に動かすことができ、そこで友達と話したりゲームをして遊んだりできる。

見学者として私が参加したのは2022年2月上旬。「あそべるーむ」の一カ所で、5人ほどの子どものアバターが集まっていた。近づくと、パソコン画面に実際にオンラインで会話している子どもの映像が出て、会話の内容がイヤホンを通して聞こえてきた。顔出しは自由。ドーナツを食べながら参加している子もいれば、アバターの画像だけで声だけ参加する子もいる。

「ナイス!」「絵心をみせてやる」「わかったよ!」。会話を聞いていると、どうやらこの中の一人が絵を描き、残りが何を描いているのかを当てるゲームをしているようだった。そこに、名前に☆マークがついたアバターが入ってきた。「こんにちは。いま何をしているの?」。声をかけたのは、プロジェクトの大学生スタッフ。ゲームに参加し、「難しいなあ」「富士山かな?」「もしかしてねずみ?」などと一緒に楽しんでいた。

できる〜むは日中は週3回、夕方は週5回、各1~2時間の開催。この間は大学生が常駐しており、子どもたちと一緒に遊んだり会話したりする。終了時刻になると、大学生が「これぐらいで終わろうか」と切り出し、それを合図にみなが退出していく。「もう終わりかあ」と残念がる子どもも、「また来週ね」「さようなら」と言って、退出していった。

まずは悩みを話せる場を

「ギフテッドの特性がある子たちの居場所にしたいと思い、立ち上げました」

企画・運営するROJEの理事で、広島文化学園大学講師の伊藤駿さんは、狙いをそう説明する。できる～む以外に、保護者のオンライン相談室や、子どもと大学生スタッフが一対一で対話するプログラムがある。

05年設立のROJEがこのプロジェクトを始めたのは、22年春。もともと学校現場に社会人や大学生が入っていき、子どもの学びを支援したり、災害の被災地の子どもに教育支援をしたりする活動をしてきた。

そんななか、発達障害を専門とする精神科医から、突出した才能があるために友達となじめなかったり不登校になったりした子どもや、その保護者からの相談がたくさん舞い込んでいることを知らされた。クリニックは診察待ちで予約を取りづらい状況が続いているということだった。

「ギフテッドは病気ではない。だが既存の学校システムの中では支援が行き届いておらず、当事者や保護者は、困難に直面している。困難に寄り添う居場所をつくろう」

そう考えた伊藤さんらがプロジェクトを立ち上げた。オンラインで、外出しづらい子や地方に住んでいる子でも参加できるような支援にした。

協力を仰いだのが、大学生たちだ。

学校になじめない子どもが抱える悩みは多種多様だが、共通しているのは学校や社会から孤立していることだ。保護者も、情報が少なくどうすればいいのかわからないまま、ストレスを抱えている。

子どもと年齢が近い大学生が、話し相手や遊び相手になれば、楽しい居場所と感じてもらえるのではないか、と考えた。うまくいけば、子どもたちのロールモデルになる役割も担ってもらえるのではないか、と期待したという。

プロジェクトは、会費制だ。親の会やスタッフとの相談、大学生との対話、子どものレポート提出などを組み合わせたプランがいくつかあり選択できる。一方、子どもたちを選抜することはなく、ギフテッドの特性を説明したうえで困難や悩みを抱えている親子を参加の対象にしている。

伊藤さんは「才能を伸ばすことも大切ですが、まずは悩みを抱える子どもの自己肯定感を高める支援がしたいというのが始まりです。そのために、子どもや保護者が気軽に話ができる場を提供したいと考えました」と話す。

ギフテッドではないけれど……

スタッフの大学生は約20人いる。その一人、横浜市生まれの神奈川大学1年の田村琉さん（20）は日中と夕方の週計8回、このできる〜むのスタッフを務めている。

大学で心理学を学ぶ田村さんは入学したての22年春、ＲＯＪＥのギフテッドプロジェクトが始まったのを知り、参加を申し出たという。「ギフテッドのことを初めて知った高校3年の時から、支援に関わりたいと思ってきました」と力強く言う。

「なぜそれほど思い入れがあるの？」。そう聞くと、田村さんは「自分がギフテッドというわけではないですが……」と照れながら、「周囲になじめないという苦しさを抱えているという特性を知ると、『自分に似ているなあ』って思い、調べ始めたんです」と打ち明けた。

小学生のころから何にでも興味を持ち、落ち着きがなかったという田村さん。小2の時に、地球侵略にやってきたカエルのような宇宙人が主人公のアニメ「ケロロ軍曹」にはまり、劇場版の舞台となったイースター島をパソコンでずっと調べていたことがあるという。興味は小4まで続いた。しかし、周りの友達にその魅力を伝えても全然共感してくれない。「何でこの子たちは面白がれないんだろう」と不思議に思っていたという。

小5の時には、姉が貸してくれた図鑑から毒物のことが気になり始め、毒物の図鑑を買ってほしいと親にねだった。だが「本当に毒物をつくりかねないからダメ」と聞いてくれなかったという。

「僕は一つのことにとらわれると抜け出せず、とことんのめり込んでしまう性格です。学校での成績はいたって普通で『ギフテッド』といえるような突出した才能があるわけではないですが、周りからは『変わり者』と思われていました」と笑う。

一方で、中学生になると、学校や同級生が決めたルールに合わせることが、苦痛に感じるようになった。クラス全員で「授業のチャイムが鳴る前に着席」と決めても、「チャイムが鳴ってから着席することがなぜいけないのか」と、一人だけ従わなかった。そんなことを続けていると、当然、クラスでは浮いた存在になった。

高校生の時は、同級生同士が、グループに分かれて「陽キャ（陽気なキャラクターの略）」と「陰キャ（陰気なキャラクターの略）」などと呼び合うことに嫌気がさし、友達がほしい思いはあっても、仲良くなった友達は一人もいなかったという。

「本当に孤立していました。高校3年になってみんなが受験勉強している時も、自分は勉強せずに、そのころに興味を持ち始めた『ギフテッド』について調べるために、支援者に会いに行ったり専門書を読んだりしていました」

「苦悩の部分は僕も同じ」

そんな時、ギフテッドのことをよく調べると、才能の飛び抜けた子どもだけでなく、才能があるゆえに周りになじめず孤立していたり、不登校になったりしている子どもがいる現状を知った。「苦悩の部分では僕も同じ思いをしてきたので、ギフテッドの子たちの気持ちを理解しながら支援ができると思いました」。

できる〜むでは、できるだけ子どもたちの話を聞くことを心がけている。

ある日、終了時刻が過ぎても、一人だけできる〜むに残る中学生がいた。「最近、楽しいことがない。なんでだろう」とつぶやいた。別の大学生スタッフが「来週、会おうよ」と声をかけ、その日は退出した。後日、その子はできる～むに元気そうに参加していて安心した。

一見、普通そうに見えても、様々な悩みを抱えている子たちがいる。なかなか胸の内を吐露できない気持ちは、痛いほどよくわかる。田村さんもその後、その子を見かけたら「こんにちは」とあいさつしたり、「ゲームやる？」と声をかけたりすることを心がけている。

話をあまりしない子もいれば、自分のことをずっと話し続ける子どももいる。

ある村に紛れ込んだ「狼」役のプレイヤーを、会話を糸口に探し出すゲーム「人狼」を子どもたちとしていた時のこと。自分の考えを話し続ける子がいて、参加する他の子が話し出せないことがあった。

田村さんは「〇〇はこう考えているんだね。じゃあ、△△はどう思う？」と、よく話す子の考えを整理したうえで、他の子の考えを引き出してみた。すると全員が自分の考えを言えるようになり、会話が広がっていった。その後、子ども同士で「どう思う？」と相手の考えを聞くような場面も出てきたという。

「参加者の中には、不登校で普段は家族以外と話をする時間が少ない子もいます。知的好奇心が強く、激しさや繊細さがあり、他人に指示されることを嫌ったり、刺激に過敏だったりと、様々な特性がある子がいます。彼ら彼女らの考えを理解し、受け止める『聞き役』と『サポート役』が、僕たちの役割だと考えています」

できる〜むを、学校以外で楽しく時間を過ごすことができる居場所にしたいと思っている田村さん。「支援のあり方がどうあるべきか、最近よく考えています。日本では『ギフテッド』はまだ認知され始めたばかりですが、いずれは『ギフテッド』という言葉を使わなくてもいい社会になるのが理想かなと思っています」と言った。その心は？「子どもたちを一つの枠に入れるのではなく、どんな子も、一人の人間として尊重されるような社会になるのが一番いいのではないかなと思っているからです」。

「ギフテッドクラス」をつくった学校の挑戦と挫折

勉強ばかりではだめ

東京都中野区の中野坂上駅周辺は、新宿駅まで約2キロの好立地で、昔ながらの住宅や店舗とオフィスビルが立ち並ぶ再開発エリアである。

その一角に、国内では珍しいギフテッド教育に取り組むNPO「翔和学園」があると聞き、2023年1月下旬に訪れた。「ギフテッド」がまだ浸透していない15年から「アカデミックギフテッドクラス」を開設し、18年からは「ギフテッド・2E対応クラス」に変更して実施している。

どんな子どもたちが、どんな教育や支援を受けているのかを知りたいと取材に行った。

グーグルマップで示された目的地は、中野坂上駅から徒歩1分の真新しい2階建てのテナントビル。1階は居酒屋や文房具店が入っており、２階がすべて学園のフロアとなっている。グラウンドや体育館はなく、学校というよりは学習塾のような雰囲気だ。

朝９時半。寒空の中、リュックを背負ったり、ｉＰａｄを手にしたりした子どもたちが、ビルの脇にある階段をのぼって登園していた。東京や埼玉、千葉など関東近県から公共交通機関を使って通っている子がほとんどだという。

その約10分後、ジャンパーを脱いで薄着になった子どもたちが、外に駆けだしていった。中学生ぐらいの少年が「早いよ！」「待って」と言葉を交わしながら、歩道を北へ向かって走っていく。高校生や20代前半の学生たちも、白い息を吐きながら走ったり歩いたり。約１キロ離れた東中野駅まで、ジョギングかウォーキングで往復するのが、この学園に通う子どもたちの一日の始まりだという。

生徒たちは教室に戻ると、今度はみんなで囲碁やラジオ体操、本の音読を始めた。一般の学校の教室の二つ分ほどの広さの大教室。個別化した指導をしていると思っていたため意外だった。

「集団行動もするんですね」。ジャージ姿の教職員、石川大貴さんに聞くと、こう説明してくれた。

東京都中野区にある翔和学園の「ギフテッド・2E対応クラス」

「ギフテッド教育というと、エリート養成のイメージがあると思います。勉強ばかりしているような。でも勉強だけ教えても、社会で生きていく力は身につきません。ここでは学習だけでなく、運動や生活のスキル、コミュニケーション能力も身につけてもらおうと考えています」

ふだんの授業風景も見学した。教室の中央に、数台のモニターが置かれている。それを囲むように机とイスが並び、10人ほどの生徒が座っている。年齢層は、小学生から20代前半の学生まで様々だ。この日は教員が「生態系」をテーマに講義をしていた。

この集団授業に加わらず、教室の隅でパソコンに向かってゲームをつくる小学生や、色鉛筆で黙々と恐竜の絵を描く男子学生もいる。JRの時刻表を片手に、将来行きたい旅行計画を綿密に立てる学生もいる。スマホを片手に歌を歌ったり踊ったりする生徒や、別室で整体を学んでいる生徒もいる。

無秩序な部分もあるにはあるが、個々が好きなことに取り組んでいると、それなりに一定の秩序は保たれるのだなと、新鮮に映った。

「あれは挫折でした」

「集団授業を受けるか、自分が興味のあるプロジェクトに取り組むか、基本的に自分たちで決めて取り組んでもらっています」と石川さん。そして、気になることを言った。

「実は、今はギフテッドの子だけを集めたクラスは設けていません」

どういうことだろうか。たしかに、高ＩＱの生徒や、突出した才能がある子だけがいるわけではなさそうだ。コミュニケーションが難しそうな生徒もたくさんいる。

「以前は、『アカデミックギフテッドクラス』を設け、ＩＱの高さを基準に才能のある子どもだけに特化した教育もしていましたが、やめたんです。今は子どもたちを区分けすることはしていません」

たしかに、学園のパンフレットの「ギフテッド・２Ｅ対応クラス」の説明には、「才能識別によらないすべての困り感を抱えた特異な子どもたちへの特別支援教育」とある。

ギフテッドや、障害も併せ持つ2Eの子どもたちを選抜して特別な教育を行っていると思っていたが、特別支援教育ということは障害者への支援に切り替えたのだろうか。「才能識別によらない」のであれば、果たして子どもたちはどういう基準で入園し、どんな授業を受けているのだろうか。疑問が湧いた。

「あれは私たちの挫折でした」。補足して説明してくれたのは、学園長の伊藤寛晃さんだ。

「挫折とまで言ってしまうのはなぜ？」と尋ねると、こう言った。

「私たちはもともと、障害者への差別をなくそうと闘ってきたはずでした。2015年から海外事例を参考にギフテッドを支援しようと特別クラスを設けたのですが、結果的に私たち自身が子どもたちに差別意識をつくってしまいました。失敗でした」

差別意識？　メモを取る手が止まった。そんな重々しい答えが返ってくるとは、予想していなかった。

選抜による差別意識の表れ

翔和学園は、前身のステップアップアカデミーから改称し、06年に発足したNPO法人だ。もともとは発達障害者の就労支援をメインにしてきたが、小中学生を受け入れるフリースクールを始め、小・中・高・大学まで一貫した特別支援教育を目指してきたという。

そんななか、発達障害がある子どもの中に、高ＩＱの子がいることに気づき始めた。学校にはなじめず、だからといって特別支援の枠にも入れない高ＩＱの子どもたちが、不登校になり、保護者も困り果てて行き場を失っている様子が、目の前で起きていた。

そこで15年４月から、高ＩＱの子どもたちだけを集めて教育しようと、「アカデミックギフテッドクラス」を設けて募集をした。「それまでの特別支援教育は、凸凹の欠点や苦手を克服しようという支援になりがちでした。そうではなく、強みや能力の凸《とつ》を伸ばしていくことを目指そうということで『ギフテッド教育』を始めたのです」（伊藤学園長）

その理念は今も変わっていない。だが、子どもを選抜してクラス分けしたことで、予想しなかった弊害が生じたという。

クラスに入るには、知能検査でＩＱが１３０以上あることを目安とした。同時に、取り組みたいテーマについて作文を書いたり語ったりしてもらった。審査で入園者を決めた。当初は小学生が５人ほど入園し、理系の大学院生を講師として招いたり、英語講師に来てもらったりと、幅広い教育を小学生にしてきたという。

ところが、次第にこのクラスの子どもの中に、クラス外の障害がある子どもたちへの差別意識が生じてしまったという。「俺たちは天才なんだから、障害のある子と一緒のことはしなくていい」といった感情が見てとれるようになった。

伊藤学園長は「教えるほうにも問題がありました。『君たちは天才なんだから』と特別視し、高い知能を伸ばすことに力を入れてしまったのです」と振り返る。保護者の中にも、「うちの子は発達障害ではなくギフテッドだから」と、障害の部分をきちんと直視しないままの人もいたという。

小学3、4年までは良くても……

石川さんが思い出すのは、IQが150以上あった小学生だ。小学校を不登校になり翔和学園へ来たが、床にずっと寝転がっているだけの日々が続いたという。石川さんが「これやろう」と誘っても、「やだ」「こっちくるな」と一蹴するだけで、教職員の言うことも一切聞かなかった。

「IQが高くても、読み書きといった基礎学力がきちんとできない子もいる。小学3、4

年まではそれでも成績はいいのですが、高学年になると、努力して勉強している子にどんどん追い抜かれてしまいます。努力したり協力して解決するといった力が身についていないままになってしまっていたのです」

アカデミックギフテッドクラスは3年で終了した。18年4月からは、ＩＱや障害の内容にかかわらず、受け入れるすべての児童生徒・学生を「ギフテッド・2E対応クラス」として支援することを目指している。

「もちろん、子どもがやりたいことをやる個別授業もあります。気づかれなかった才能が見いだされることもあります。ただ、いくらＩＱが高くても、生活スキルや集団の中でのコミュニケーション力をある程度身につけないと、社会で力は発揮できません。高ＩＱも障害も一つの特異性だと私たちは考えており、社会でどう生きていくかをきちんと支援しなければという考えでやっています」（石川さん）

翔和学園には、23年1月時点で児童・生徒・学生は、小学部6人、中学部4人、高校部10人、大学部が約70人の計約90人が在籍している。特に3年ほど前から、不登校になったり学校でトラブルがあったりした子どもの保護者から、入園の問い合わせが増えているという。

だが、受け入れられず断ることも多いという。「今はなかなか受け入れを増やすのは難しい」と石川さん。学園の教職員は現在9人ほどで、10人を教職員1人で担当する状況だという。石川さんは、「IQ30〜150までの子どもが、同じ場所で教育を受けています。受け入れる側の態勢はぎりぎりです」と実情を話してくれた。

「差異能」を伸ばす子どもたち

一般の学校には行けず、特別支援学校にも行けない子どもたちの受け皿となっている翔和学園。才能がある子を選抜して特別な教育を与えるエリート教育を廃止し、才能も一つの特性だと捉え、ギフテッドも含めて障害のあるなしに関係なく同じ場所で学ぶインクルーシブ教育に転換した。

実際に子どもたちはどう思っているのだろうか。

中学3年の女子生徒は、教室の角のスペースで、釘や金物を使わず組み立てる伝統技法の木組みに挑戦していた。学園のプロジェクトの一つで、千葉県の耕作放棄地に城を建てるための作業をしているという。1年前に建築士に木組みの方法を学び、あとは職員と見よう見まねで取り組んでいると言った。

入園は21年11月。高い知能があるが、在籍する中学校のクラスメートとはうまくいかず、不登校になったという。

「ここはいい具合に騒がしくて、自由なことをさせてくれるから好き」

軍手をして汗水流す女子生徒は生き生きとした表情でそう言った。

「さきほど紹介したIQ150の生徒が彼です」

石川さんが案内してくれたのは中学3年の男子生徒。教室の窓際のイスに座り、パソコンのキーを黙々と打っていた。ぼさぼさの髪は肩まで伸び、細身で顔色はあまり良くない。背後はパーテーションで仕切っていた。

石川さんによると、小学生時に入園した当初の無気力な態度はなくなり、今はアニメのウェブページを作るためのプログラミングに熱中しているという。時折、クラスメートに話しかけられたり肩をたたかれたりしているので、友達もいるようだ。

「学校はどうして行かなくなったの?」。私が聞くと、「いろいろやらされることが嫌で、面倒になった」。

「最初は翔和学園でもずっとやる気がなかった?」

「ええ。反抗期だったんでしょ」

返答は一言ずつ。素っ気ないが、コミュニケーションを嫌がっている感じはしない。石川さんは「大変でしたが、ゆっくり時間をかけて見守ることで、今のようにやりたいことに取り組んでくれるようになりました」と教えてくれた。

「記憶力がすごい学生がいますよ」

女性職員が紹介してくれたのは、「あなたの誕生日の曜日を当てられます」と特技を書いた紙をパーテーションに貼っていた男子学生だった。ｉＰｈｏｎｅで音楽を聴きながら、色鉛筆をずっと触っている。

私の誕生日月である「7月」と、「２０２３年」を伝えると、男子学生は2分ほど考えてから、白紙にカレンダーの枠となるタテ５×ヨコ7のマス目を描き始めた。そしてすぐ、何も見ないで、左上から順に数字を書き始めた。日曜日と祝日は赤の色鉛筆に持ち替える丁寧さ。

1日から31日までを書き終えた。職員がスマホのカレンダー機能で２０２３年7月のカレンダーを確認すると、数字も曜日も見事に一致していた。

女性職員によると、男子学生は重度の自閉症で、コミュニケーションをとるのは難しい。

だが、20年ほど先のカレンダーまで、何も見ずに書くことができるという。

のちに調べてみると、「サヴァン症候群」という人の特徴と似ていた。精神の発達に遅れはあるが、飛び抜けた記憶力があるという。日付を伝えると、曜日を言い当てる「カレンダー計算」ができることも特徴としてあげられていた。

しかし、どう記憶しているのだろうか？　そもそもこれは記憶力なのだろうか。職員も「わかりません。不思議ですよね。でも、中学生のころは人や物に当たることがありましたけど、今は成長して、少しずつコミュニケーションもとれるようになってきました」と目を細めた。

伊藤学園長はこう言う。

「私たちは才能を『差異能』と呼んでいます。誰しもそれぞれの能力があるという考えです。それが社会で発揮されるように、教育や支援をしています」

知能検査でも定期テストでも測れないが、確かに存在する能力がある。学校に通わなくても、それを見いだし、支援する翔和学園のような居場所が、もっと増えてほしいと思った。

しかし、こうした民間レベルの取り組みは始まったばかりだ。国内でのギフテッドや2

Eの子どもへの支援は、戦後の日本で、特に公教育ではほとんど行われてこなかったのが実情だ。

次章では、過去にさかのぼり、太平洋戦争末期に日本政府が主導して行った英才教育について、資料や当事者へのインタビューで明らかにする。また、最近まで東京大学先端科学技術研究センターと日本財団が取り組んだ英才教育や、他国でのギフテッド教育の事例を紹介し、日本が取り組むべきギフテッドへの支援のあり方を考えてみたい。

第 4 章

「才能教育」の過去と現在

戦時中に行われていた日本のエリート教育

52年後に発見された資料

２０２１年12月、私は雪が舞う金沢大学の資料館にいた。金沢市郊外にある大学の角間《かくま》キャンパス北側にある資料館には、加賀藩校の扁額《へんがく》や学術文書など長きにわたる金沢の学びの歴史が貴重な資料とともに展示・保存されている。

私の目的は、日本政府が太平洋戦争末期に行った「特別科学教育」と呼ばれた英才教育の資料を閲覧することだった。

特別科学教育が行われたのは、太平洋戦争末期の１９４５年から敗戦をへて２、３年のわずかな期間だけだ。そのためか、こうした英才教育を日本政府が制度化して行っていた事実はあまり知られていない。私も知らなかった。だから、戦時中とはいえ、国が成績優秀な児童生徒を選抜した特別科学教育を行った歴史があったことを知ったときは、驚いた。私は、その教育システムや内容、授業を受けたかつての子どもたちを取材することで、現代のギフテッド教育のあり方を考えるヒントになると考えた。

書籍や研究論文を探した。当事者の回顧録や教員や学者による論文はいくつかあった。だが元資料を国が残している形跡はない。当時の資料に直接あたりたいと考えていたところ、金沢市に本社がある北國《ほっこく》新聞の過去記事に行き当たった。戦後52年たった１９９７年、資料が発見されたとの記事が載っていた。

それによると、金沢大学理学部（当時）の書庫に保管されているのを、創立50年史を作成するための資料を探していた職員が発見したとのことだった。資料館に閲覧の申請をすませ、金沢へ向かった。

資料館職員の女性が倉庫から運んでくれた資料は、厚さ10センチほどのＡ４判が２冊。黄ばんだ表紙には、「科学教育関係　金沢高等師範学校」と書かれていた。目当ての資料だった。資料は、計数百ページに及ぶざら紙がひもでとじられ、ところどころ文字が消えていたり破れたりしていた。戦時中や戦後の混乱期に書かれたものであることをしのばせた。

天才を勉強させ、新しい発明を

その資料をひもとく前に、まず日本政府が特別科学教育を導入した経緯を、帝国議会の会議録からたどる。インターネットで検索すれば「帝国議会会議録検索システム」からすぐに読むことができる。

1944年9月、今の国会にあたる帝国議会は、戦争を追認し扇動する翼賛体制に変わっていた。衆院議員が「戦時英才教育機関」の設置を政府に求めていた。

その会議録（衆議院事務局、1944年9月10日　第85回帝国議会衆議院建議委員会）を読むと、当時の戦況を背景にした切迫感や、特別な英才教育を導入しようとした荒唐無稽な動機を知ることができる。

森田重次郎議員　「今の戦争は科学の戦争である。だから結局新しい精鋭な武器を持った方が勝つのだ。それには発明をしなければ駄目ではないか（中略）。青少年学徒の中から、最も天才的な頭を持って居る者を簡抜して、国家の施設で偏ったと言われるかも知れないけれども、所謂《いわゆる》天才を伸ばす意味に於ける特別な勉強をさせて（中略）、『アメリカ』に勝つ、本当に新しい発明をして貰おうではないか」

対戦国のアメリカに勝つため、国が天才児を選抜して英才教育を与え、新兵器を発明してもらおう、という提案である。当時は、日本軍が占領したサイパン島が米軍によって陥落させられるなど、戦況が日に日に悪化していた時期である。

答弁にたった文部省の高官は、大まじめでこう答えている。

今井健彦文部政務次官　「至極同感であります。（中略）戦時に於きましては適当な一方途と考えますので、十分研究致しまして御期待に副《そ》うよう致したいと思います」

そして年が明けた1945年1月、日本政府は、特別科学教育を始めた。

当時の文部省の広報誌「文部時報」などによると、東京、金沢、広島、京都の各高等師範学校と東京女子高等師範学校計5校で行われていた。

だが、特別科学教育の名の下に、子どもたちはどんな基準で選抜され、どんな内容の教育が行われ、講師はどんな人たちが務めたのかは、会議録や文部時報からは、読み取ることができなかった。

時間割は理数科目ばかり

金沢大学資料館に保管されている資料では、その具体的な内容を細かく知ることができた。大変貴重な資料であった。

資料をひもといてみる。まず目についたのは、「金沢高等師範学校特別科学教育実施要項　昭和十九年度」と青字で書かれたページ。児童生徒の選抜基準についてこう定めていた。

1　科学技術に特に優秀なる成績を示すもの
2　資質の全般にわたり普通以上のもの
3　意志強固にして忍耐力強きもの
4　身体強健なるもの

5　父母および近親者に科学技術者を有するもの
6　本人および保護者に熱意あるもの
7　家庭の環境の良否

これらの項目に沿い、各中学校や国民学校で、定数の2倍の児童生徒を選抜し、選抜委員会で審査した、とあった。そして北陸各県の中学1～4年生と、国民学校4～6年生から、各学校長が選抜して推薦していたという。

全体で何人の児童生徒が選ばれたのかまでは読み取れないが、1クラスあたりの人数は15人ほどの少人数で組んだとも書かれている。講師は、高等師範学校の教員らが教壇に立ったという。

課程表もとじられていた。「科学教育」という名前の通り、理数教科を重点的に教えていたことが読み取れる。

たとえば、制度開始当初の45年1～3月の中学1年のカリキュラムは、全360授業時間のうち、数学63時間、物象（物理・化学）54時間、生物36時間、工作36時間で、これら理数科目を合計すると全体の5割以上を占めていた。

国語は27時間と比較的少なく、音楽や図画などはゼロ。体操は63時間と多く、当時「敵性語」とされた英語を教えていたという記録もある。

押さえておきたいのは、このころ、選抜されなかった全国のその他多くの子どもたちは、戦禍で不足する労働力を補うため、勤労動員として軍需工場や食料生産工場などで強制的に働かされていたことだ。また、特別科学教育を受けた児童生徒の名簿を見ると、女性の名前は一人も見当たらなかった。勉強ができたのは、選ばれた一部のエリートだけだったという残酷な事実である。

しかし、日本は敗戦。特別科学教育はその後も続き、直後の45年10月には新しい特別科学教育要項案が、資料に残っていた。

当初の教育要項にはその目的が「皇運を扶翼し奉る先達を育成する」とあったが、敗戦後には「国民生活を飛躍的に向上し、進んで世界の平和に寄与すべき新科学文化を創造せんが為」に変わっていた。

だが文部省は46年10月、翌47年3月をもって、特別科学教育を打ち切ることを決め、各学校に通知した。理由を記した文書もその資料の中にあった。

「戦後の国内事情の著しい変化により、制度化して行うことは適当ではない」ということだった。当時、敗戦国の日本では、連合国軍総司令部（GHQ）による教育の民主化が進められていた。打ち切りと同じタイミングで、「教育の憲法」と言われる教育基本法が公布・施行された。

わずか数年の短命で終わった特別科学教育。選ばれて教育を受けた子どもたちが確かにいた。戦後、どういう生涯を送ったのか。この教育をどう振り返るのだろうか。今はもう90歳前後となる彼らの証言を得ようと、急いだ。

「自分たちだけ」の後ろめたさ

東京・白金台にある集合住宅。ここで事務所を構える元財務相の藤井裕久さん（享年90）は、秘書の男性に支えられながら応接室のソファにゆっくり座った。

私が訪れたのは21年12月。テレビでときおり見ていた丸顔の優しそうな笑顔はそのままだったが、丸顔だったほおは、げっそりとこけ、グレーのスーツを着ていてもやせた様子がわかるほどだった。年齢を感じさせた。

それでも、大蔵官僚から政治家に転身し、非自民連立政権時の大蔵相、民主党で幹事長

金沢に疎開して特別科学教育を受けた藤井裕久さん

なども務めた大物政治家だ。２０１２年に政界引退してからも、講演やテレビ出演などで弁舌をふるってきた。

「あの戦争を経験したものとして、戦争につながることは絶対反対」。まっすぐ私を見据えて言う目には、力強さが宿っていた。だがこの7カ月後に亡くなった。

藤井さんは、金沢で特別科学教育を受けた一人だ。生まれは東京・本郷。開業医の次男で、１９４５年4月に東京高等師範学校付属中学の1年生になってまもなく、担任教諭から「科学組へ行け」と言われたという。

各学年から15人ぐらいが選ばれていた。ただ当時は米軍爆撃機のB29による東京空襲が相次いでおり、東京を離れて金沢へ集団疎開し、授業を受けろという指示だった。出発は同年5月25日。前日には自宅周辺が空襲にあい、25日当日も東京駅などが爆撃され、明け方の空は真っ赤に染まっていたという。

どんな思いで金沢への汽車に乗ったのか。私が聞くと、藤井さんはゆっくり窓の外の空を見つめて言った。

「選ばれた自分たちだけが金沢に逃げていくという感覚でした。自分たちだけが教育を受けるということが、どうにも後ろめたくてね。空襲で亡くなった同級生もいたので、なんというんでしょうね。重たい気持ちでした」

とはいえ、当時はまだ中学生。同年代の子どもたちが集まり、学習だけでなく寝食もともにする体験は、親がいない寂しさを紛らわせてくれたという。柔道をしたり河原で仕送りのコメを炊いて食べたり。

「思い出は『空腹』だったこと。お互いに助け合った仲間とは、生涯の友人になりました」

「君たちは新型兵器をつくる先兵だ」

一方、金沢での授業は厳しかった。三角関数や微分積分といった理数系の内容が多く、同級生と「偏っているなあ」と話した覚えがある。

日本の原子核物理学の父といわれた仁科芳雄博士の特別講義もあった。「君たちは新型兵器をつくる先兵だ」と言われたことを覚えている。当時の藤井さんには何のことかわからなかったが、その年の8月、広島と長崎に原子爆弾が落とされたことを知らされると、「新型兵器とはこのことだったのか」と思い至ったという。藤井さんは「米国はすでに完成させていたのに、日本は中学生に科学教育を受けさせていたのだから、腹が立ち、情けなくなった」と回顧した。

終戦を告げる玉音放送は、寮の庭で聞いたという。その数日後、同級生らとともに金沢駅から上野駅までの汽車に乗って帰った。「やっと終わった、これでぐっすり眠ることができる」。こみ上げた思いは、これだけだったという。

「私はあんまり勉強が得意ではなくて、当時受けた教育についてはほとんど覚えていないんですよ。仲間と濃密な時間をすごし、命を永らえたという意味では、特別科学教育は受けてよかったとは思いますが……」と複雑な表情で語った。

時代は違うが、国が英才教育や才能教育を行うことをどう思うか、と最後に聞いた。藤井さんは「英才教育が悪だとは思わない」と言った。その上で「時の政権が教育や科学技術を戦争に利用する危険性は常にある。だから、戦争のために行われた歴史があることは、教訓としてほしい」。戦争を経験した政治家の、重い言葉だった。

「ノアの方舟」に乗った少年

特別科学教育は、京都でも行われていた。

「君、ノアの方舟《はこぶね》に乗らんか」

1945年4月末、日本軍の飛行場をつくるため奈良県の田んぼを土で埋める勤労動員をしていた当時中学3年の片岡宏さん(92)は、担任の先生から突然声がかかったことを覚えている。

校長室に連れて行かれ「明日から勤労はしなくていい。代わりに特別科学学級の選抜試験に専念せよ」と言われたという。片岡さんは、「何のことかわからなかったが、働かなくていいことがうれしかった」と、当時の気持ちを教えてくれた。

だから、担任の先生が旧約聖書の「ノアの方舟」を例えに出して誘った意味を、片岡さんは京都へ行ってから理解した。

授業を受けることになった京都一中は、建物の一部が工場となっていた。教室の一部も倉庫として利用され、その他の教室はガラガラ。地元の生徒は、みな軍事工場や農場へ働

京都で特別科学教育を受けた片岡宏さん

きに行っており、教育を受けているのは、片岡さんと同様に特別科学教育を受けることになった生徒だけだと思い知らされた。片岡さんは「こんな状況で教育を受けていられるのは自分たちだけなんだ」と誇らしく思った。

片岡さんはいま、京都市の京都大学近くの自宅で子どもや孫に囲まれた生活を送る。京大医学部を卒業後に入った製薬会社で働きながら弁理士の資格を取り、退社後は個人事務所を開いて国内外の企業の特許出願のサポートをしてきた。

私が片岡さんのことを知ったのは、自身が受けた特別科学教育について、研究論文にまとめていたためだ。２００５年に発表した「京都帝国大学主導の特別科学教育について」と題した論文には、国の計画や選抜試験などが細かく整理されている。そこでは、特別科学教育の京都での授業について、教科書は一切使わず、口述筆記と演習や実験などが行われたと記している。

「密度の高い内容であった」とも振り返り、具体的には、「数学は一時間目から級数展開で度肝を抜かれ、さらに関数論・確率論などへ発展する。物理は微分・積分の知識を前提とした些《いささ》か難解な講義であった」と述べている。

講師には、当時京都帝大教授で、日本人初のノーベル物理学賞を受賞した湯川秀樹博士がいたことも明かしている。「湯川教授が毛髪をポマードで極めて丁寧に整髪しておられたことが記憶に残っている」と当時の思い出を記していた。

片岡さんの生まれ育ちは奈良県。地元中学では学年トップクラスの成績ではあったが、選抜された理由は誰からも説明されなかったという。関西の各府県から選ばれた約90人の生徒とともに、京都で下宿しながら、京都一中で特別科学教育を受けた。

このころの日本はすでに戦争末期。米軍が沖縄に上陸しており、大阪にも空襲が続いていた。奈良の自宅では食卓におかずはのらず、白米の配給も減っていた。母に連れられ農家に野菜を分けてもらう貧しい生活を送っていた。

ほとんどは京大、東大、阪大に進学

戦後の48年3月、他校より1年遅れて京都での特別科学教育も終了した。片岡さんの論文によると、ほとんどの生徒が京都大学や東京大学、大阪大学などに進学したという。ただ、片岡さん自身は職場や家族にも、特別科学教育の経験を話すことは避けてきた。エリート教育を受けたことを言うことは「自慢だ」と批判的にとらえられかねないと感じていたためだ。「日本社会、特に学校は『超平等主義』になった。みなで同じレールに乗ることが大事という社会になってしまった」と今も感じている。

そんななか、同じ教育を受けた特別科学教育のクラス仲間とは、同窓会を定期的に開いてきた。年齢とともに亡くなる仲間も増え、年賀状をやりとりする程度になったが「あの頃の思い出を語れる仲間は生涯の友」と大切な思い出となっている。

柔和な片岡さんの表情が固まった瞬間があった。私が、特別科学教育の評価について「いい制度だったと思うか」と聞いた時だ。少し間をおき、片岡さんは言った。

「私たちがエリート意識のような考えになることはありませんでしたよ。あの時代に、特別な教育を受けさせてもらえたことは本当にありがたかった。ただ、だからこそ、受けたくても受けられない同級生が多くいたことをずっと考えてきた。もろ手を挙げてよかったと大きな声では言えないのは、今でもそうです」

90歳をすぎた今でも、慎重に言葉を選びながら話す姿が、印象的だった。

才能で線引きしない
東大のプロジェクトの教訓

未来のエジソンを育てたい

戦後、教育の民主化が浸透した日本の公教育では、「平等」が重んじられた。

特異な才能のある子どもを選抜して特別プログラムを与えるようなエリート教育は行われていない。議論さえ避けられがちだった。

もちろん、「英才クラス」「特進コース」といった特別なカリキュラムを設けた教育は、民間の塾などで行われてきた。だがそれは、特別な才能がある子どもが見いだされてというよりは、裕福な家庭だったり教育熱心な家庭だったり、情報や人が集まる都会にアクセスできたりする環境にいる、一部の子どもたちが受けてきたものだったと言っていいだろう。

そんななか、近年、米国など海外のギフテッド教育を

中邑賢龍・東京大学先端科学技術研究センター教授

参考にし、特別な才能を見いだして伸ばそうという教育が、一部の大学や民間事業者などで行われてきている。

その一つが、2014年から東京大学先端科学技術研究センターの中邑賢龍《なかむらけんりゅう》教授が行った「異才発掘プロジェクト ROCKET《ロケット》」だった。

プロジェクトは、特異な才能がありつつ、学校になじめず不登校になっている子どもを支援しようと、中邑教授が、日本財団から5年間で計5億円の資金を受けて行った。ナチス・ドイツのアウシュビッツ収容所を訪れる海外研修や、各界で活躍する人の「トップランナー講義」など、学校ではなかなか経験できないプログラムがあった。プロジェクトには毎年応募があった300〜600人の小中高校生から、書類と面接で10〜30人ほどが選抜された。

学校以外の、多様な学びの場をつくることが目的だったというプロジェクトのキャッチフレーズは、「未来のエジソンを育てよう」。日本財団も「将来の日本をリードしイノベーションをもたらす人材を養成する」とPRし、多くのメディアにも取り上げられた。

私はそのプロジェクトの募集が終了した後の２０２１年11月、中邑教授にインタビューする機会を得た。

ちょうど文部科学省が、特異な才能がある児童生徒への支援を検討する有識者会議をその年に始めており、日本での先進的な取り組みとともに、なぜ実質5年で終了したのかの総括を聞きたかった。なぜなら、中邑教授自身が、ＲＯＣＫＥＴの事業を振り返り、「子どもを線引きし排除してしまった」と反省点を述べていたためだ。

今後の日本における才能教育やギフテッド教育のあり方を考える重要なポイントがあるのではないかと考えた。

「異才」と「志」の失敗

中邑教授とのインタビューのやりとりを以下に詳述する。子どもを選抜することの難しさや、国が才能教育を行うことへの考えを、率直に語ってくれた。

——ROCKETを始めるきっかけは。

「僕はこれまで、障害がある子どもでも、テクノロジーを使った学びや能力を伸ばすことができないかという研究をしてきました。日本の学校は、一斉指導でみんなと同じ学びをしなければいけないという同調圧力が強いですよね。障害の有無にかかわらず、学校からはみ出さざるを得ない子どもたちが、そうした学びを求めて僕の所に来ていました。読み書きできない子にはパソコンを使って表現してもらったり、周りとコミュニケーションがとれない子とは一緒にアルバイトしてみたりといったことをしてきました。

それでも、はみ出したまま成長し、街で刃物を振り回したりホームレスになったりした子どもたちがいます。

そういう子たちを見ていると、小中学校で受けた傷の大きさを感じたのです。他の子どもと同じことができないから評価されなかったり、不登校になっていたり。やっぱり、初等中等教育段階で、そうしたはみ出した子どもたちを支援する方法を考えないと、と常々思っていました。そうした時に、日本財団から、『未来のエジソンを育てよう』という話が舞い込みました。優秀な子を育てるだけだったら私のしたいことではなかったのですが、学校からはみ出した子を育てるなら、とやってみることにしました。日本財団には本当に好きなことをさせてもらいましたので、感謝しかありません」

――不登校や学校になじめない子への支援と、そうした子の才能を伸ばす支援と二つの目的があった？

「まずは不登校になっている子どもに声をかけ、埋もれた才能があるのではないかということで始めました。ただ、不登校だけでなく、学校に通っているけれど勉強がつまらないとか、違和感を覚えている子どもたちも併せて支援しようと考え、『異才発掘プロジェクト』と名付けました。ところが、『異才』という言葉が、特別な才能というふうに捉えられました。僕もおろかだったのですが、才能だけでなく、志がないとだめだよねと考えて（選考の際に）『志』という言葉を入れたんです」

――子どもはどう選考した？

「学校の教育になじまないけど、特別な才能があり志がある子どもを募るということで始めました」

――どういう子どもたちが集まった？

「様々ですね。頭のいい子は、その後東大行って、アメリカの大学にも行ったりして。でも、来てくれた子どもたちがギフテッドかどうかはわかりません。『志』を入れたことで、意欲的な子どもは来ましたが、うちの子はそんなに優れていないと保護者が考えたり、能力はあるけど全然やる気がないという子たちは、選ばれませんでした。数には制限がありますから落とさざるを得なかったのです。

その一方で、ＲＯＣＫＥＴが注目され始めると、大学入学のための推薦書を書いてくださいと言う参加者も出てきた。つまり、ＲＯＣＫＥＴに選ばれることが子どもや保護者の目的になってしまう事態が生じ始めたのです。優秀でやる気がある子が全部富を独り占めしてしまう状況になっていきそうだった。もちろん、反省すべきは私で、子どもたちに落ち度はありません」

――本来はどういう教育や支援がしたかった？

「『変わっていていいんだよ』ということをやりたかった。もちろん、ＲＯＣＫＥＴを通して、世間の不登校の子に対するマイナスイメージは、ある程度払拭することはできたと思っています。人と違っていてもいい、という雰囲気は、つくれたと思います。だけどやっぱりそれはごく一部でしかなくて、本来はもっと、意欲がなくてずば抜けてもいなくて、もぞもぞしているような子たちをどうするかを考えたかったのです」

――ROCKETは、14年からの5年間で、スカラー候補生が127人、選抜なしで参加できるオープンプログラムは約3500人が参加しました。「トップランナー講義」では、解剖学者の養老孟司氏や、実業家の堀江貴文氏ら各界の著名人らを招いた講演を行いました。

「トップの人でなくてもよかったですよね。農家や漁師さんなど、近くにいる大人だってすごい人はたくさんいるのに。上ばかり目指す流れを作ってしまったのも反省です」

――日本でも近年、ギフテッド教育が注目され始めています。

「ギフテッド教育は、突き抜けた部分をさらに伸ばす教育だと思うんです。優秀な子に育てることが目的ですよね。すでに日本では、幼児教育などの早修教育は進んでいます。ギフテッド教育が注目されることで、早期に子どもを教育すべきだという考えがエスカレートしていかないかと危惧しています。IQって、高めようと思えば訓練して高められます。うちの子はIQが高いので特別な教育を与えたいと言う保護者もいますが、早い時期から教育を受けさせていれば、そりゃ漢字も計算もできてIQも高いでしょう。小1の授業は退屈かもしれませんが、高学年になったら並の成績になる子はたくさんいます。勉強だけで言えば、塾に行けばいくらでも学べますから」

成績不問のプロジェクトへ

――国が、特異な才能のある児童生徒への支援や才能教育をすることについてどう考えますか。

「もし国の目的が、特異な才能がある子の能力を伸ばすというためだけにあるなら、なぜ公教育のお金を使わなければいけないのか、と疑問です。公教育が行うべきは、経済的に苦しい家庭でも、他の子と違わず学力を伸ばす支援を受けられる方法や、学校で不適応を起こしている子どもの力を見いだして支援をしていくことだと思います。今の社会は、不適応を起こしても自己責任だと言われ、個人でどうにかしなければいけない状況にありますよね。しかし、努力してもどうにもできない人たちはいます。国はそうしたことに力を注ぐべきでしょう」

――ROCKETの後継として、2021年からLEARN《ラーン》というプログラムを始めました。学校教育ではない学びの場を全国各地に作り、「志」や「突き抜けた才能」がなくても参加できるプロジェクトですが、ここでは子どもたちを選抜していないのですか？

「成績は不問です。志も不要です。21年6月から始まりましたがROCKETに参加してくれていた子どもたちも移行してもらっています。プロジェクトでは、地方の米農家の協力で一緒に農作業をして、収穫したお米でご飯を食べるプログラムを行いました。また、子どもにスマホを持たせずお金だけ渡して、知らない北海道の街まで飛行機や電車を乗り継いで来てもらう企画もしました。今の子どもたちは、これさえも難しくて、『知らない人に道を聞いてもいいのですか』っていう子もいる。たとえ特異な才能があっても、知らないことはたくさんあることに気づいてもらおうというのが狙いですね」

――どういう力を育ててほしい？

「特段のメッセージは何もないです。とにかく何かやってみれば、その子たちの心に、やってみたという記憶や印象が残ります。非日常的な体験ですから。そこで、子どもたちは何が面白かったかとか何が難しかったかと考えます。自由に。そこから、自分のことを知ります。自分は機械が好きだとか、馬が好きだとか、バリアフリーのことに興味があるとか、自発的に考えるようになります。僕たち大人は、教育というものを目的化しすぎていて、これを伝えたい、あれを教えたいという気持ちで教えがちです。そうすると、言われた通りのことをする子しか育ちません。学びの目的は子どもが自分で決めればいいんです。才能の下にあるものを育てることが大切だと思っています」

――才能の下にあるものとは？

「どんなに特異な才能があっても、自分で能動的に動く人間にならないといけないと思っています。今の子は、特にその部分が欠落しているように思います。ＳＴＥＡＭ教育（Science〈科学〉、Technology〈技術〉、Engineering〈工学・ものづくり〉、Art〈芸術〉、Mathematics〈数学〉）に国も力を入れていますが、能動性を育む必要があると思います」

——才能を伸ばす前に、能動性を身につけてもらうことが必要？

「もともとは地域コミュニティーや家庭内で、子どもたちはそうした力を自然と身につけていました。ところが、それができない社会になりました。勉強ばかりできて、社会で生きる力が身についていない。困っている人に手をさしのべることもそうです。教科書にもとづいた学力が人間を評価する時代から、早く脱却しないといけません。でも学校も親も忙しいから、なかなか難しい」

——ＬＥＡＲＮの子どもたちの反応は。

「みんなにこにこして帰っていきます。面白かった、また来たいと。どう子どもたちに影響を与えているかは私にもわかりませんが、子どものころの忘れない出来事って、やっぱり非日常的な体験だったり自分で考えてやってみたことだったりしますよね。そういう体験を僕らが提供できればと思っています。ＲＯＣＫＥＴでは、大人が子どもたちを選ばざるを得なかった。ＬＥＡＲＮでは、もっと広く、いろんな子どもたちが集まる場にできればと思ってやっています」

中邑教授の取り組みは、ROCKETという英才教育から形を変えて、現在進行中である。子どもの埋もれた才能を引き出したいという思いが、子どもや保護者らに、優劣の感覚や行き過ぎた能力主義の意識を与えてしまったことは、翔和学園の「挫折」とも共通している。

能力など一定の基準を設けて子どもを選抜し、特別なプログラムを与える英才教育は、こうした弊害が生じることをきちんと理解しなければならない。まして公教育で行うことは、当事者だけでなく社会全体の理解が得られなければ、相当難しい。そんな意を強くしたインタビューだった。

次は、他国で行われているギフテッド教育について見ていきたい。

ギフテッド教育を行う各国の事情

アメリカはソ連に勝つために導入

天才を育てる教育は古くから世界各国で行われてきた。その中でも、国としてギフテッド教育を制度化して行うようになったのが、近現代である。特に、第2次世界大戦後には、アメリカを筆頭に多くの国が、今に通じるギフテッド教育を採り入れてきた。

アメリカは1950年代後半には国として取り組みを始めている。そのきっかけとなったのが、ソ連に人工衛星「スプートニク」の打ち上げを先行された「スプートニク・ショック」だったと言われている。

ソ連との覇権争いに勝つため、国を挙げて科学技術力を強化するための人材を育てようと、才能のある子どもたちを選抜して早期の教育や科学に特化した特別のプログラムを与える教育を行ってきた。

その後、イギリスやオーストラリア、ドイツ、韓国、中国、シンガポールなどでも、国が制度化するなどして導入されている。

こうした他国のギフテッド教育の内容や歴史について、文部科学省の2018年度の委託事業で、三菱UFJリサーチ&コンサルティングが調査研究を行っている。担当した同社政策研究事業本部の鈴庄美苗さんのリポートが、文科省の有識者会議でも紹介されており、これを基に日本との比較をしてみたいと思う。

ブームは80、90年代

この調査は、ギフテッド教育を採り入れている10カ国について行われた。アメリカとフィンランドは鈴庄さんらが現地調査をし、イギリス、オーストラリア、ドイツ、オーストリア、デンマーク、中国、韓国、シンガポールは、文献などから調べたものをまとめている。

それぞれの開始時期だが、10カ国のうち、最先進国のアメリカ、78年に始めた中国、2002年に始めたデンマークを除く7カ国は、1980~90年代に始まっている。日本で

海外の才能教育の状況

(2018年度の三菱UFJリサーチ&コンサルティングの調査研究から)

国	開始時期	主な対象	主な内容
アメリカ	1957年	小中高校生	学業成績優秀者に大学レベルの科目を履修させるプログラムや、拡充型教育を提供
イギリス	1997年	小中学生	卓越した能力の伸長や、不得意克服のための特別授業を実施
オーストラリア	1988年	中学生	3年間の教育プログラムを2年間で早修する特別学校を設置
ドイツ	1990年	幼小中高校生	保護者や教員らが主体となった才能教育や情報交換の場を提供
フィンランド	1990年代	不問	担当教員が、生徒の個性に応じた学習カリキュラムを設定
オーストリア	1997年	小中高校生	インクルーシブ型の個性尊重教育が主。サマーキャンプも実施
デンマーク	2002年	義務教育段階	放課後の特別授業や年に数回の特別活動などを自治体ごとに実施
中国	1978年	幼小中高校生	才能教育実験クラスで早修、拡充のタイプごとに授業を実施
韓国	1983年	小中高校生	初等中等教育段階の「英才学級」を下層に、高校段階の「英才学校」を頂点にしたピラミッド構造で指導
シンガポール	1983年	小学4～6年生	小3で選抜試験を行い、特別クラスで英語、算数、科学の拡充型授業を実施

作図・谷口正孝

はこのころ、詰め込み教育の反省から「ゆとり教育」が導入されていた時期だ。善しあしは別として、ギフテッド教育について、日本がやはり後進国であることは容易にわかる。

鈴庄さんも「(ギフテッド教育が)今、世界でトレンドかというと、必ずしもそうではない」と報告している。一方で、実施している国も、時々の政権や政治状況によって力の入り具合が左右される分野であるため、唐突に予算が削られたり、内容が変わったりしていることは、ふつうに起きているという。

各国の導入の背景が、また興味深い。

アメリカでは、スプートニク・ショックを受けて導入したというのは先に述べた通りだが、その後、「不平等」という指摘が上がり、予算が大幅に減ることもあった。2002年には「NCLB(No Child Left Behind Act)法」が制定され、才能のある子どもを選抜するのではなく、すべての子どもへの才能教育を行うことへと、軸を移しているようだ。

天才作曲家・モーツァルトを生んだオーストリアは、1980年代から検討を始め、90年代後半に導入した。選民思想をもったナチス・ドイツに占領された苦い歴史から、国民には子どもを選抜することへの抵抗感があったといい、検討当初は「エリート主義的」と国民からの批判が根強かったそうだ。開始当初は特別学校設立など課外活動的な取り組みだったが、現在は政策転換し、すべての生徒へのインクルーシブ（包容型の）才能教育を目指す形となり、学校はサマーキャンプや特別コースなどを設けて取り組んでいるという。

一方、アジアの中では韓国が１９８３年に科学高等学校を設置し、２０００年に英才教育振興法を制定し、積極的に取り組んできた。１９９７年のアジア通貨危機で、韓国は多くの企業が倒産し経済が痛手を負ったことから、国として国際競争力を持つ人材育成に取り組み始めたという。国費負担で、優れた科学者を育てる「英才学校」を高校段階に設け、小中学校にも「英才学級」などというクラスを設け、ピラミッド構造で英才教育を行うシステムをつくっている。

国のためか、本人のためか

それぞれの内容を見てみると、各国が行う才能教育の目的は、二つの傾向に大別することができると調査は分析している。

一つは、国の発展に重きを置いた「国家中心」の教育、もう一つは、子ども本人の学びを目的とした「学習者中心」の教育だ。調査は、その仕分けも試みている。

韓国は、典型的な「国家中心」の才能教育である。科学や数学などの分野で優れた一部の生徒に、高度な専門教育を実質無償で提供している。一方、マイナス面として、受験戦争が過熱したり、いい大学に入るために利用されたりする実態はあるようだ。

才能教育とは別の話になるが、「BTS」など音楽界や映画界で世界的なスターが誕生しているのも、国主導でコンテンツ産業を育ててきた政府の方針が功を奏しているためだと言われている。

OECD（経済協力開発機構）の学習到達度調査（PISA）で毎年上位につけるシンガポールも、政府が主導して行っている「Gifted Education Programme」があり、小学3年時に児童全員が共通の試験を受け、選ばれた児童は小学4年から特別クラスで英語や算数、科学などを詳しく学べる授業を受けているという。

中国も含めたアジア諸国は、国主導で人材育成や科学技術の振興を行っている傾向が見てとれる。対象となる子どもたちも、選抜や早期教育といった才能を伸ばすことを一義的に考えた教育を受けることが多い。

平等の国・フィンランドの才能教育

一方、対照的な例としてフィンランドを鈴庄さんは挙げている。

日本とほぼ同じ広さである北欧の国は、機会均等の意識が根強い国柄として知られている。

そんな国でギフテッド教育が始まったのは、1990年代。才能があるために学校で不適応を起こしていたり、才能に合った高度な教育を求めたりする子どもたちがいることから、その個々の能力に応じて学習内容を合わせる教育が進められた。

ただ、一部の子どもたちを検査やテストなどで選抜するエリート教育という考えは、なかなか国民が受け入れないという。政府も才能児をラベル付けして特別視しすぎることは避けるべきだと考えているそうだ。

そこで、学校では、同じクラスで、才能に応じて教員とマンツーマンだったり、教える内容を変えたりするなど、現場の教員たちの工夫によって、インクルーシブな教育が実践されてきているという。2E教育にも力を入れ、才能のある子どもが抱える困難や障害を解消することが目指されている。

それでも、ギフテッド教育に対する国民の理解やニーズはそれほど高いものではないという。

鈴庄さんは「今、ようやく国民から理解され始めている段階。個に応じた拡充教育はどうしてもコストがかかってしまい、特別支援教育を差し置いても才能教育をあえてすることについて、国民的議論ができるかどうかが課題になっている」と報告している。

フィンランドのもう一つの課題は、教員の育成だ。養成課程で才能教育や専門知識についてのカリキュラムは少なく、教員になってからの研修なども少ないため、個々の教員の力量に任されているのが実情らしい。どの地域に住んでいても、どの教員が担っても、個に応じた対応ができるような教員養成や学び直しの機会が求められているという。

なるほど、日本が才能教育を議論するうえで、フィンランドの取り組みは非常に学ぶことが多いと感じた。平等主義を大切にする国民性や、才能教育やギフテッドを支援するきっかけが、才能児の不適応や困難さに直面したことにあるという点で、日本の状況と似ているではないか。

とはいえ、そう簡単にまねできるものではないことは、鈴庄さんの報告にも表れていた。

印象的だったのは、フィンランドの高校ではギフテッド教育をしている学校でも、留年する生徒が珍しくないということだった。

それは、「留年＝失敗」とみなすのではなく、学びたいものがたくさん見つかった生徒として、周りから非常にポジティブに捉えられているからだという。

一方、日本では、高校で留年する生徒はほとんどいない。学習が進んでいても遅れていても、同じ学年で同じ内容を学び、一緒に卒業するといった学年主義や集団主義が根付いている。本来の個に応じた教育をするためには、日本社会の常識から変えなければいけないのかもしれない。

米国のギフテッド教育を受けた男性から見た日本

ここで、米国の公立学校でギフテッド教育を受けた男性の話を紹介する。文部科学省の元官僚で、コンサルタント会社社長の藤井宏一郎さん(50)。米国と日本での体験と、才能教育への考えを話してもらった。

＊　＊　＊

小学3年まで東京都内の区立小学校に通っていましたが、父の転勤で小3の9月から米国に移住し、現地の公立小学校に転校しました。

最初の1年ほどは日本語が話せる先生がいるバイリンガルクラスで、英語を学びながら授業を受けていました。その後、現地の子どもたちと一緒の普通クラスに移りました。そして小5の時、先生から「タレント・ディベロップメント・プログラム」という特別教育を行うクラスに入るよう言われました。テストの成績で選ばれたようです。

クラスメートは20人ほど。本来は上の学年で学ぶ代数や幾何学を学んだり、シェークスピアの原文や英国ロマン派の詩を読んで劇をしたりしたのを覚えています。中1では、氷の氷結の研究で米空軍から賞をもらい、中2ではカードゲームのブラックジャックを使った心理学の研究で賞を受けた。優秀であれば外国人の14歳の子どもにも最高の教育環境を与え、自由に研究させてくれたのは信じられませんでした。

藤井宏一郎さん。小5から中2まで米国でギフテッド教育を受けた

日本の学校では、教科書の内容をほぼ理解できていたので、話を聞くだけの授業を苦痛に感じ、よく騒いで廊下に立たされていました。勉強も暗記ばかりで。しかし米国では、年齢でクラスが決まる日本と違い、習熟度に応じてクラスが分けられており、先生も個々の能力をできるだけ伸ばそうという考えでした。授業は楽しく、孤立を感じることもありませんでした。

14歳の夏に帰国しましたが、地元の中学校に入ると、再び学校が退屈になりました。受験勉強のための暗記に苦痛を感じ、米国で受けた教育とのギャップに戸惑いました。テストで満点をとっても英検1級に合格しても、先生は荒れる生徒への対応にかかりきりで、褒められることはありませんでした。難しい課題を出されることもなく、無視されていると感じました。学習塾では最前列に座り何度も手を挙げて発言したのですが、背後から舌打ちが聞こえてくる。皆と同じことをすべきだという「同調圧力」に苦しみました。

僕も次第に受験の参考書ばかりを読むようになりました。開成高校から東京大学法学部に進みましたが、「同調圧力」に悩み、大学4年の時に休学して家を出ていろいろなアルバイトをしながら、世の中のことを根源から考え直そうとしましたが、次第に自暴自棄になり、お酒とたばこの量ばかり増え、カウンセリングに通ったこともありました。

周りが言う杓子《しゃくし》定規な「成功」ではなく、自分が本当に好きなことを追い求めようと考えました。また、小中学校で受けたギフテッド教育で、「芸術や教養を武器に深く自分の頭で考えること」をたたき込まれていたことも立ち直れた理由だと思います。

その後、国家公務員1種試験に合格し、文部科学省に再編する前の科学技術庁に入庁。8年で退職し、PR会社やグーグル・ジャパンの公共政策部長などを経て、2014年にコンサルティング会社「マカイラ」を設立しました。

日本の同調圧力は圧倒的で、正面から立ち向かうと、いじめられたり、孤立したりします。だから今の子どもたちには、頭の中だけでもいいから、他人と違う自分自身を大切にしてほしい。

そして、小さくてもいいから、何かやってみて、「これが好き」と思える感情に敏感になってもらいたい。余裕があれば、それに気づいて伸ばしてくれる大人を探してみるのもいいかもしれません。（談）

第 5 章

変わる日本の教育現場

有識者たちの懸念

　ここまでの章では、ギフテッドの当事者や、その家族、支援団体など、私たちが現場へ行き取材してきた人たちをリポートした。最後の章では、これらとともに、ギフテッドについて取材するきっかけとなった、才能教育について考える文部科学省の有識者会議の議論の過程と、有識者会議の提言を受けて文科省が２０２３年度から始める支援策の内容を紹介しながら、ギフテッドへの支援のあり方を考察したい。

　まず、ギフテッドと思われる子どもをどう見いだすか、だ。

　本書の冒頭で示した通り、文部科学省が21年6月に設置した「特定分野に特異な才能のある児童生徒に対する学校における指導・支援の在り方等に関する有識者会議」では、「特異な才能のある児童生徒」を、ＩＱなどの何らかの基準や数値で定義することは、しないこととすると結論づけた。

　理由は、弊害の大きさだ。審議のまとめでは、次のような懸念が示された。

・選抜のための過度な競争が発生する
・入学者選抜へ活用される
・経済状況によるプログラムへの参加機会の格差が生じる
・学校現場の分断や同級生からの差別
・児童生徒が過度な期待を背負う

といったことだ。

心配のしすぎだという意見もあるだろう。ただ、私はありうることだと思った。

戦時中のエリート教育「特別科学教育」を受けた人たちは、選抜されたことによる優越感を抱いた一方、同級生への後ろめたさを90歳をすぎた今でも胸の奥にしまっていた。戦後も「特別組はいいよな」というねたみを言われることもあったという。

エリート教育を施す民間団体は、もちろん今も存在する。実際、国内にも「ＩＱを伸ばす」とうたう塾はたくさんある。

しかし、国民の税金を使った公教育で、能力によって子どもを選抜して特別プログラムを与えることは、国や自治体などの行政がすべきことではないだろう。子どもたちの才能を数値化し、線引きしてしまえば、意図せずともその基準を超えようとさらなる過当競争が起きるのは、容易に想像できるからだ。今の日本社会では、とても理解は得られないと思う。

とはいえ、支援する対象の子どもたちを、どう見いだすのか。定義や基準がなければ、難題である。現場の教員らも困るだろう。

結局、有識者会議のまとめでは、「特異な才能のある児童生徒の困難に着目する」こととなった。困難とは、例えば学習や学校生活でのトラブル、不登校になっている場合などが想定されている。

学校などで困難を抱える子どもを把握し、それを解消する支援をまずはしてみようということだ。困難の原因が、特異な才能があるためだったことがわかれば、その困難を解消することで、元からある才能を伸ばしていくことにもつながるのではないか、と有識者会議はまとめている。

賛否両論あるだろう。審議中の委員の中にも「教員が指導するためには対象となる子の定義は必要」という意見を持つ人はいた。

ちょうどそのころ、私は第4章で取り上げた藤井宏一郎さんの意見を聞いていた。藤井さんは、「ギフテッドが望むのは、自分の才能を見いだして伸ばしてくれる支援だと思う。困難ばかりに注目していては、同調性を重んじる日本の教育はこれからも変わらないだろう」と批判していた。この談も、もっともだと思う。

横並びか、エリート教育か

ただ、少なくとも議論さえ避けられがちだった日本の才能教育について考える場が設けられたことは、画期的な会議だと、傍聴を続けるたびに思っていた。

戦後の日本で才能教育が議論されたのは、実は今回が初めてではない。学校教育法施行規則の改正による1998年の「飛び入学」制度導入に際しての議論は、そのはしりだった。

制度は、当時の文部相の諮問機関である中央教育審議会（中教審）が答申し、導入された。日本の学校教育の制度が先進国と比べて柔軟性がないとの指摘を受け、規制緩和をすべきだという声を受けたものだった。

突出した才能を持つ生徒に限り、高校2年で大学に入学できるという内容で、まず千葉大学が98年に始め、その後続いた大学を含めて現在は計10大学で採り入れられている。2022年5月時点で累計約150人が利用している。

だが、「硬直した教育制度に風穴を開ける改革」だと大々的にアピールされた当時の期待ほど、利用者は増えていない。当時の朝日新聞の投稿欄「声」を見ると、この制度へは多くの意見が寄せられており、「教育の過熱化をあおる」と反対する意見の一方、「真のエリートは社会の宝」と賛成する意見があり、社会的に大きな関心事であったことは事実だろう。だが、才能教育の議論自体もその後、盛り上がることはなかった。なぜか。

文科省の幹部に聞くと、「同学年」「卒業」「部活」といった言葉が出てきた。ようするに、日本の学校では小中学校の段階から、同じ学年で授業を受けたり遊んだりすることがほとんどで、年齢相当より上の学年で授業を受けることはほぼない。進級や卒業も、年齢によって決まることが大半だ。

いわゆる「年齢主義」や「学年主義」と言われるものだ。単位の修得により卒業する高校生になっても、多くの生徒はそのことが当たり前だと考えているのではないだろうか。

かくいう私もそうだった。留年は「ダブり」と否定的な意味で言われるため、カリキュラムが身についていなくてもなんとか卒業できるように卒業間近に必死で数学を勉強した覚えがある。もちろん付け焼き刃なので、今になって「きちんと学んでおけばよかった」と悔やんでいる。

また、学校の部活に入る生徒の多くは、同じ学年の仲間らと努力して成果を大会で出すことを目標にする。学校や教員たちも、同学年の子どもに同じ内容を教えることを重んじてきた。学習が遅れている子に補習はするが、才能がある子への特別な教育は行わないのが実態ではないだろうか。

「同じ年齢」「同じ学年」であることの比重が大きいのは、学校制度というよりも、そうした社会の規範が根強く残っているからだろう。

それでいい。才能児への教育は塾や民間に任せ、公立学校で教えることは、最低限のことでいいという考えもあるだろう。

しかし、だからこそ、授業の範囲を超えて難解なことを言い出す児童や、言うことを聞かず学校ではトラブルばかりだが一つのことに突出した能力を示す生徒の存在が、これまで見過ごされてきたのではないだろうか。

なぜいま、才能教育？

ではなぜ、国はこのタイミングで、才能教育について議論を再開したのだろうか。

有識者会議が設けられた直接のきっかけは、21年の中教審の答申だ。アメリカの「ギフテッド教育」を例として挙げ、日本では特異な才能をどう定義し、見いだし、伸ばすかという議論は「十分に行われてこなかった」としたうえで、特異な才能がある児童生徒への指導のあり方を検討するよう文科省に求めていた。

社会部の文科省担当だった私は、この会議ができた当初、日本でも米国のようなギフテッド教育を始めようとしているのか、と驚いた。当時の自民党政権は、弱体化する日本経済を再興するため、「イノベーション力の強化」などと訴える科学技術・イノベーション基本計画をつくり、教育や人材育成が必要だと力を入れていた。その政府の動きと歩調を合わせ、文科省も国のためになるエリートを育てる教育を導入するのではないか、と危惧したのだ。まだ「ギフテッド」という子どもたちの存在やその苦悩を知らず、なぜこの会議を今行うのかということ自体に、私の関心は向いていたのだった。

会議は毎回、オンラインで開かれた。有識者は、11人。メンバーを見て、才能教育の専門家や教育学者、工学者だけでなく、精神科医や学習支援ＮＰＯ代表らが名を連ねていたことを不思議に思った。エリート教育なのか、特別支援教育なのか、文科省の担当者に聞いても「まったく結論が見えない会議です」とひとごとのような返事だった。

21年7月に開かれた第1回会議ではさっそく、日本で才能教育を議論することの異例さが、次々と委員から指摘された。

「ナーバスな議論。才能をどう線引きするのか」

ある委員はこう指摘した。別の委員も「(学年が) 横並びで授業を受けているのに、一部の子どもが取り出され差別化されれば、クラスは変な雰囲気になる」と懸念した。「世の中は嫉妬に満ちていて、才能ある人には厳しい目が向けられやすい」と、社会の理解が必要だと訴える委員もいた。エリート教育に対しては、否定的な意見ばかりだった。

3種類のギフテッド教育

米国のギフテッド教育の先進事例も紹介された。研究する委員からは、ギフテッド教育の種類が3類型あり、「早修（acceleration）」「拡充（enrichment）」「2E（twice-exceptional）」と示された。

早修は、飛び級や早期入学など、教育プログラムを通常より早く履修したり、年齢を超える学力を示す子どもに合ったレベルの教育をすること。

拡充は、個人学習やプログラムへの参加など、通常学校で教わる範囲を超えた広く深い内容の教育を与えること。

2Eは、発達障害などがありながら特定分野に高い才能を併せ持つ子どもへの教育をさす。

そして、それぞれ良い点と問題点が指摘された。

早修の良い点は、能力よりも遅れた授業により生じるストレスを回避でき、子どもの学習の達成水準を高くすることができる。一方、問題点は、社会性や協調性といった人としての素養が身につきにくいことや、教育格差を拡大することなどが指摘された。

拡充は、創造力や応用力などを豊かに伸ばすことができ、社会性も身につく、とされた。一方、問題点は、子ども同士の競争性がなく、学習する動機付けが弱くなることや、教材や教員確保にコストがかかることが指摘された。

委員は、「日本に才能教育の実践的な蓄積がなく、外国の例を紹介するしかない。現場で担う教師が育っていない。早修と拡充、２Eを融合するのが、日本型の才能教育として理想ではないか」と述べた。

把握した実態、決まった方向性

そして、議論の方向性が決まったと私が感じた会議が、21年11月にあった。第４回の有識者会議だ。そこでは、特異な才能がある児童生徒やその保護者に向けて行ったアンケートの結果が示された。第２章でも紹介したが、８０８人から回答が寄せられ、計９８０件の事例が挙げられた。

「０歳10カ月で日本語と英語ができる」

「小学生で分子や電子、核融合に興味」

などと多彩な才能の事例が紹介された。同時に、

「授業が面白くないと我慢の限界がくる。学校脱走を重ね、不登校になった」

「学校ではみんなと違う部分が強調され、いじめの対象となりやすい」

などと、切実な訴えが多く寄せられた。才能があるがゆえに、学校や社会で悩みやトラブルを抱えている子どもが多い実態が、明らかになった。

保護者からは「先生に、ギフテッドの特性を学ぶ時間をとってほしい」などと、教員の理解を求める意見も多数寄せられていた。その結果を踏まえ、会議では委員から「多くの子どもに困難が見られ、保護者からも支援が痛切に求められている」と意見が出た。異論は出なかった。

これまで、特異な才能はあるが学校で奇抜な行動が目立ち、いじめられたり、授業が退屈で不登校になったりする子がいることは、各教育現場や医療機関、不登校支援の団体などから指摘はされていた。だが国がアンケート調査でそうした実態を把握した。国がやるべきは、その困難を取り除くことであると、議論の方向性は定まったように感じた。

五つの提言

22年9月、有識者会議は審議をまとめ、文科省に提言した。取り組むべき施策として、次の五つを挙げた。

①特異な才能のある児童生徒の理解のための周知・研修の促進
②多様な学習の場の充実等
③特性等を把握する際のサポート
④学校外の機関にアクセスできるようにするための情報集約・提供
⑤実証研究を通じた実践事例の蓄積

①は、教員の理解を深めることだ。オンデマンドの動画を活用した研修を挙げている。また、保護者の不安を和らげるため、相談したり情報交換したりする仕組みの検討を求めた。

②は、教室が居づらい児童生徒の場合、空き教室や学校図書館などで過ごしてもらったり、不登校生への支援のために設けられている校内の教育支援センターなどを活用したりすること。

③は、学校や教員らが児童生徒と対話しながら、それぞれの特性や抱える困難さに気づくことだ。先進的に取り組む大学の研究機関や民間事業者が使うツールやチェックリスト、

検査などを国が情報収集し、教育委員会や学校が活用できるように共有すべきだとした。

④は、学校の外で展開されているプログラムへの参加である。才能を伸ばす様々なプログラムがあり、国はその情報を集め提供するオンライン上のプラットフォームを構築することが重要としている。

⑤は、①~④で挙げた実例を蓄積し、共有すること。さらに国は、こうした指導・支援を実証研究して成果をとりまとめ全国に展開し、学習指導要領や環境整備などの制度的改善についても進めるべきだとしている。

これを受け、文科省は23年度から、計約8千万円の予算を設け、支援策を始めている。具体的には、才能がありながら困難を抱える児童生徒向けに、民間の支援団体などで行われているプログラムやイベントなどを紹介する。教職員の理解を深めるためどんな対応が必要かという動画を作成し、研修に生かしてもらう。⑤の実証研究も、各地の教育委員会や学校法人などと連携して進めるという。

日本でもエリート教育を進めるのでは、という私の懸念は杞憂《きゆう》だった。しかし、国の支援が、いま現在も困難を抱えている子どもたちや、不安を募らせている保護者の救いとなるのかは、心もとない。

日々子どもたちに接する教職員の理解を深めてもらうことが最も大切であることは、その通りだと思う。ただ、教職員の長時間労働は、社会問題化している。余裕がない教職員に、才能や困難を見いだすよう求めても、なおざりになるのがオチだろう。

有識者会議の座長を務めた岩永雅也・放送大学長（教育社会学）に21年11月、インタビューした。

岩永座長は「教員の負担を増やすようなことは考えていない」としたうえで、「現にいま、才能ゆえに困難を抱えている子どもがいる。学校や教員に知識がないことで、見過ごされてしまっている子どもたちがいるのは事実。最前線の先生に、対応できる知識と技術を身につけてもらうことは、才能のある子どもだけでなく、すべての子どもの幸せにつながることだと考えている」と話した。

教員だけではない。ギフテッドや特異な才能がありながら困難に直面している子どもたちに対する、社会全体の認知を広げ、理解を深めること。自分たちには関係がないと異端な存在として見るのではなく、身近にいるかもしれないと思うこと。特別視したり、過剰な期待をかけたりするのではなく、特異な才能も、一つの個性だととらえて見守るような社会になれば、結果的には誰もが生きやすい社会になるのではないか。私はそう考えている。

おわりに

人と話していて、「独特な人だなあ」と感じたことは、誰にもあるだろう。

私にとって最も印象深かったのは、14年前、新聞記者になって4年目の2009年の冬のことだ。西日本のある拘置施設の面会室で、アクリル板ごしに接見した人は、くせ毛が伸びてぼさぼさな髪をした、20代の女性だった。

女性は、自宅に放火したとして現住建造物等放火の罪で逮捕・起訴され、公判を控えていた。自宅は全焼したが、けが人はいなかった。新聞の地域面にさえ載らない事件だった。

私が注目した理由は、起訴前の精神鑑定で、女性が発達障害と診断されていたからだ。裁判員裁判がスタートしたばかりで、市民から選ばれた裁判員が発達障害の特性をきちんと理解して判断できるのだろうかと考えた。

女性は父と2人暮らしだった。幼少のころから家庭内外でトラブルが絶えなかった。女性は父に連れられ精神科に行ったが、「異常なし」と診断されるだけだった。

しまいに父は、女性を自宅2階の部屋に閉じ込め、外出しないように監視した。そのことに耐えられなくなった女性が、2階の布団にサラダ油をまいて火をつけ、全焼させた。女性のことを独特だと感じたのは、その話しぶりからだ。事件や家族のことを尋ねても、自分のことばかり話して「有名人になりたい」と言い出したり、他人の私に父親ら肉親の悪口を明け透けに話したり。悪びれることもなく「放火できてよかった」とまで言っていた。

接見や手紙のやりとりを重ねていたある日、私は女性の記憶力の高さに驚かされる。弁護士や裁判官が言った言葉をほぼ正確に覚えているのだ。約10年前のアルバイト先でのトラブルを、日時や場所も含めて事細かに話してくれたこともあった。

だが本人はその才能を自覚していない。誰にも注目されてこなかったのだろう。

発達障害の人の中には、人の気持ちを理解しにくかったり強いこだわりを持ったりする一方、並外れた記憶力を持つ人もいると言われている。ただ女性が初めてそう診断されたのは、事件後のことだ。精神鑑定で医師にそうした特徴を説明され、女性は「救われた気持ちがした」と言った。私は、何ともいたたまれない気持ちになったのを覚えている。

彼女が「ギフテッド」だと言いたいわけではない。ただ、今回の取材で出会った人たちの話を聞きながら、私はいつも、この14年前に抱いた気持ちと同じ思いに駆られたのだった。

それは、「もし彼らが子どもの時に、自身の特性や才能、障害について知り、周りが理解していたら」ということだ。

変わった子。変な子。普通じゃない。

取材したギフテッドたちは、学校や地域、家族に、こう言われて異端視されている（きた）。生まれつき特異な才能がある子たちが、才能があるゆえに、学校になじめず、不登校になったりいじめられたりと苦悩を抱えている（きた）。当事者からそんな話を聞くたびに、そうした特性のある子どもの存在を、私たちが「知らなかった」ことの怖さを、あらためて実感したのだ。

彼らが苦しむ理由が、学校や社会、家族、そして本人自身の知識・理解の不足にあることは明白だ。

発達障害については、2005年に発達障害者支援法が施行し、医療の対象ともなり、今では社会で広く認知されるようになった。国や自治体は、早期発見や支援に取り組んでいる。22年の文科省の調査では、全国の公立小中学校の通常学級に通う児童生徒の8・8％

に発達障害の可能性があると報告されている。

一方、ギフテッドは、近年ようやく認知されるようになった。そもそも「障害」ではないため、医療の対象にはなりにくい。正式な診断名があるわけではなく、どれぐらいいるのかもはっきりわからない。だから、見過ごされている。

たしかにギフテッドの定義はあいまいで、認定することの難しさが課題である。また、定義づけすることにより、才能という計り知れないものを一定の基準で判定してしまうことへの悪影響を懸念する意見も理解できる。私も、「ギフテッド」という言葉を使うことにより、子どもを線引きしてしまうのではないかというためらいは、今も持ち続けている。

しかし、その存在や特性が認知されていないために、現に苦しんでいる子どもがいることは、たしかだ。発達障害がまだ広く認知される前の社会状況と、似ているのではないかと思う。

どうすればよいのか。

まず彼らの存在を知ってほしい。そんな単純な思いで、私たちはギフテッドの取材を始めた。

そして取材をしながら、それだけでは簡単に解消できない日本の学校教育や、社会のありようも、つくづく考えさせられた。

折しも取材を始めた2021年は、新型コロナウイルス感染症の流行期。外出や店の営業をする人、マスクをつけない人をののしる「自粛警察」が横行し、ワクチンを接種しない人が非難された。

学校では、科学的根拠が不明なまま、政府による全国一斉休校が20年春にあり、その後は給食時の「黙食」や、部活動の大会や行事の中止などが相次いだ。他人と違う行動や言葉を発することを、良しとしない社会の雰囲気が、頑として存在することを、まざまざと見せつけられた。

「同調圧力」。

新明解国語辞典（第八版）によると、「集団の中で、常にまわりと同じように考え、振る舞わなければならないと感じ、そのような行動をしないではいられない、逃れがたい雰囲気」と説明されている。

私たちを覆うこの得体の知れない雰囲気は、異質なもの、少数のものを排除しようとしてしまう。その結果として、特異な才能を隠さざるを得なくなる子がいる。他人に合わせた生き方しかできなくなり心を病む人がいる。同調圧力が、ギフテッドを苦しめてきた正体だと私は思う。

お読みいただいた通り、本書は、ギフテッドや才能教育の専門書ではない。教育や福祉、医療の専門家ではなく、ましてギフテッドでもない新聞記者2人が、特異な才能がある人たちの話を聞き、その苦悩や保護者の思い、手探りで行っている現場の取り組みをまとめたリポートだ。出会った人たちは、私の想像を超える才能を見聞きさせてくれた。と同時に、想像以上の苦しみを抱えていることを教えてくれた。

当事者に会ってきた私が言えることがあるとしたら、ギフテッドは特異な才能があっても、決して特異な存在ではない、ということだ。それぞれに得意なことがあり、苦手なことがあり、学び成長したいと思っている一人の人間である。

原稿を書き終えた2023年2月末、高円寺駅のガード下で、路上ミュージシャンがザ・ブルーハーツの「青空」(作詞・真島昌利)を歌っていた。

生まれた所や　皮膚や目の色で
いったいこの僕の
何がわかると　いうのだろう

生まれつき特異な才能があるギフテッドも、こんな気持ちでいるのではないかと思った。だから、こう言いたい。

もしこれから「独特な人」に出会ったら、その人の話すことに耳を傾けてみてほしい。きっと、自分とは違った能力や、独特な世界観に驚かされるだろう。刺激に敏感だったり、コミュニケーションが取りづらかったりする人もいるかもしれない。それも含めて、人間って面白いなあと気づかせてくれることだろう。

本書は、2022年7月にスタートした朝日新聞デジタルの連載「ギフテッド　才能の光と影」を、大幅に加筆してまとめた。企画を後押ししていただいたり、監修していただいたりした朝日新聞の伊東和貴デスクと岩崎生之助デスクのおかげで連載は好評を得た。そして朝日新聞出版の白石圭さんに書籍化の誘いをしていただいた。この場を借りて感謝申し上げたい。

伊藤和行

阿部朋美

（あべ・ともみ）

1984年生まれ。埼玉県出身。2007年、朝日新聞社に入社。記者として長崎、静岡の両総局を経て、西部報道センター、東京社会部で事件や教育などを取材。連載では「子どもへの性暴力」や、不登校の子どもたちを取材した「学校に行けないコロナ休校の爪痕」などを担当。2022年からマーケティング戦略本部のディレクター。

伊藤和行

（いとう・かずゆき）

1982年生まれ。名古屋市出身。2006年、朝日新聞社に入社。福岡や東京で事件や教育、沖縄で基地や人権の問題を取材してきた。朝日新聞デジタルの連載「『男性を生きづらい』を考える」「基地はなぜ動かないのか　沖縄復帰50年」なども担当した。

ギフテッドの光《ひかり》と影《かげ》

知能《ちのう》が高《たか》すぎて生《い》きづらい人《ひと》たち

2023年5月30日　第1刷発行
2023年8月30日　第2刷発行

著　者

阿部朋美・伊藤和行

装　幀

杉山健太郎

装　画

須山奈津希（ぽるか）

発行者

宇都宮健太朗

発行所

朝日新聞出版

〒104-8011 東京都中央区築地5-3-2
電話　03-5541-8832（編集）
03-5540-7793（販売）

印刷所

大日本印刷株式会社

Published in Japan by Asahi Shimbun Publications Inc.

ISBN 978-4-02-251907-8